Michaela Kronshage

Laternenzeit

Arbeitsmaterial aus den Waldorfkindergärten

Heft 19

Herausgegeben von der
Internationalen Vereinigung der Waldorfkindergärten

Laternenzeit

Anregungen zur Festgestaltung und zum Basteln von Laternen

Gesammelt und entworfen von Michaela Kronshage,
Waldorfkindergarten Bochum Langendreer.

Illustrationen von Christiane Lesch

Verlag Freies Geistesleben

ISBN 3-7725-0391-8

2., durchgesehene und verbesserte Auflage 2001
Verlag Freies Geistesleben
Landhausstr. 82, 70190 Stuttgart
Internet: www.geistesleben.com

Einband: Christiane Lesch
Illustrationen von Christiane Lesch
Druck: Proost, Turnhout

Inhalt

Vorwort

«Alles Vergängliche ist nur ein Gleichnis.»
Johann Wolfgang Goethe

Kann der Mensch die sinnlich-irdische Welt als Ausdruck des Geistig-Sinnvollen erleben, dann fühlt er sich auf der Erde beheimatet, dann kann er auf ihr den Ort der Erfüllung seiner Biographie finden. Wie entscheidend ist diese Erfahrung in der Kindheit, in der am intensivsten die Verbindung mit der sinnlichen Welt gelebt und gesucht wird, distanziert sich doch der Mensch je weniger von den ihn umgebenden Eindrükken, desto jünger er ist. Treffend charakterisiert Rudolf Steiner das Kind als «ganz Sinnesorgan» und drückt die sinnliche Gebundenheit aus und – da «ganz» – auch die Sehnsucht nach gleichzeitigem Erleben des Sinnvollen, des Goetheschen «Gleichnisses».

Immer schon hat die Erscheinung des Lichtes den Menschen angeregt, das in ihm waltende Wesen zu suchen und zu erleben. Im Urphänomen des Lichtes, der Sonne, erlebte der Mensch in vielen Kulturen das ihn haltende göttliche Wesen. Die Verehrung und Pflege des Lichtes der Sonne im Jahreslauf durch Feuer und Kerze ist Brauch vieler Kulturen gewesen.

Wie anonymisiert ist dagegen das Spektrum der Lichtquellen der zeitgenössischen Zivilisation. Es soll damit seine Funktionalität und Berechtigung nicht in Frage gestellt werden, jedoch soll aufmerksam gemacht werden, daß der Verlust eines differenzierten Erlebens des Lichtes und damit eines sinnerfüllten Erscheinungsbildes vorangetrieben wird.

Vielleicht ist dieser Verlust mit Ursache, daß Laternenfest und Laternengänge vor allem im Zusammenhang des Lebens mit Kindern in vielen Kulturen und Teilen der Welt ihren Platz haben.

Eine Tendenz des modernen Menschen ist die, «theoretisch» immer mehr zu wissen, auf der anderen Seite jedoch immer weniger «einfach zu können». So bringen mit jeder neuen Generation immer weniger Kinder gelebte und erlebte Lebensformen, die nicht durch Erklärung und Begründung, sondern durch die Tatsache, daß sie gelebt sind, Sicherheit verleihen, mit in ihre eigene Erwachsenenwelt. Nicht mehr als «Tatsachenlogik» sich aussprechende Arbeitsprozesse (z.B. wie ursprüngliche Hausarbeiten und Handwerke) und ein verinnerlichtes Repertoire an Gewohnheiten des rhythmischen Lebensvollzugs stellen die Basis der eigenen Lebensgestaltung dar, sondern «Leerstellen» und Defizite charakterisieren diese Sphäre.

Hier liegt ein Grund dafür, daß die Lebensführung in der modernen Industrie- und Mediengesellschaft die Tendenz hat, Verunsicherung, Angst und «Fluchtgedanken» latent hervorzurufen. Die Verbindlichkeit der eigenen Lebensgestaltung verlangt dagegen originäre Erlebnisse in der Phase des Lebens, in der besonders die Liebe zur Erde und zum eigenen Leben gegründet wird, in der frühen Kindheit.

Hier sind Eltern und Erzieher gefragt, die trotz und wegen ihrer Integration in moderne Lebensvollzüge «Räume für Kindheit» schaffen müssen.

Wenn die Quellen der eigenen verinnerlichten Lebenserfahrungen, das in der Kindheit veranlagte Repertoire, zu versiegen drohen, sind Anregungen und Hilfestellungen notwendig.

Ein solches originäres Lebensfeld einer Kindheitskräfte und -quellen verlierenden Zivilisation ist das Leben mit dem Urelement Licht.

Mögen die Anregungen zum Umgang mit der Lichtquelle Laterne dazu beitragen, daß viele Erwachsene wieder oder erneut sich «wie die Kinder» und mit den Kindern und für die Kinder an einem Urgrund des Lebens freuen!

Wolfgang Saßmannshausen
Rudolf Steiner-Erzieherseminar Dortmund

Einführung

Die Arbeit im Waldorfkindergarten richtet sich sehr stark am Kreis der Jahresfeste aus. So bekommt das Jahr einen festen Rhythmus, der den Kindern ein wichtiges Gefühl vermittelt, nämlich Sicherheit und Geborgenheit durch das Immerwiederkehrende. Die christlichen Jahresfeste bilden Höhepunkte im Alltag, sie sind ein unumgänglicher Bestandteil im Leben mit den Kindern.

Im Jahreslauf sind es die Festeszeiten, die uns einatmen lassen, die die Möglichkeiten geben, uns zu besinnen. Das geschieht mit großer Freude und Hingabe, wenn es dem Erwachsenen gelingt, selber ganz in das Geschehen einzutauchen und einen eigenen Bezug zum Fest zu entwickeln. Wollen wir mit Kindern die Feste richtig feiern, ist es wichtig, daß die Außen- und Innenseite der Bilder, die wir ihnen geben, übereinstimmen, das heißt, daß sie in einer wahren Beziehung zueinander stehen. Die Kinder brauchen auf ihrem Entwicklungsweg das sinnvolle, wahre Bild. Das kleine Kind braucht keine Belehrung, sondern lernt durch Nachahmung. Nicht über die Dinge sprechen, die Kinder belehren oder gar mit ihnen diskutieren entsprechen der kindlichen Nachahmung, sondern das sinnvolle Tun vor dem Kinde. Durch den sinnvoll tätigen Erwachsenen erlebt das Kind Orientierung für sein Leben, durch den Rhythmus Sicherheit und Geborgenheit. Mit dieser Einsicht können wir dem Kind helfen, seine Kindheit zu erhalten, so daß es sich altersgemäß entwickeln kann. Das Wissen darum, daß der Mensch sein Wesen in mehreren Geburtsschritten entfaltet, läßt uns beobachten, daß es nicht nur die rein äußerlichen, sichtbaren Dinge sind, die es zu tun gilt, sondern die Art und Weise und die Haltung, mit der wir ganz bewußt den Kindern begegnen, schafft die fruchtbare Erziehung. Das erfordert vom Erwachsenen, daß er diese Beziehung kennt und ganz bewußt auch sein eigenes Leben in die Hand nimmt, um vor dem Kinde entsprechend wirken zu können.

Es sind nicht die großen Erlebnisse, die sich in das kindliche Gemüt und Gedächtnis tief einprägen, es sind vielmehr die vielen kleinen, beruhigenden Gefühle des Alltags, die das Kind glücklich machen. Glücklich zu sein heißt, die Harmonie zwischen immer wiederkehrenden Gewohnheiten, kleinen Ritualen und neuen Erfahrungen und Ereignissen, die in Ruhe begleitet werden, erfahren zu können. Es kommt somit auf die liebevolle Haltung des Erwachsenen zu den kleinen Dinge an.

Da das Kind im ersten Jahrsiebt noch innigst mit allem verbunden ist und es erst mit der Zeit einen Abstand zu den Dingen bekommt, wendet sich dieses Büchlein in erster Linie an den Erwachsenen, der dem Kind die Laterne, um die es hier geht, herstellt. Sicherlich kann das Kind hier und da mithelfen, vorrangig wird es aber der Erwachsene sein, der die Laterne erstellt. Die Reste, die beim Herstellen und Tun abfallen, ermöglichen es dem Kinde, zweckfrei selber daraus etwas herzustellen, was dem Tun seiner Altersstufe entspricht.

In einer Zeit, in der zunehmend Gewalt und Entfremdung herrschen, wird es immer wichtiger, dem Menschen Inseln zu schaffen, die ihm Licht und Wärme vermitteln.

Diese Inseln sind besonders im menschlichen Miteinander zu suchen und müssen dort wieder belebt und neu aufgebaut werden, um dem Verlust an aufbauenden Kräften entgegenzuwirken.

Es ist wie ein Schwimmen gegen den Strom, aber es lohnt ganz sicher, den Kindern «ihre Welt» zu erhalten, um kindgerecht zu erziehen.

Das erfordert viel Kraft, Phantasie und Einfühlungsvermögen. In der ganzen Unsicherheit um uns herum sind wir auf die kleinsten «Lichtblicke» angewiesen, die wir dann doch immer wieder finden können.

Die Laternen, von Kinderhand getragen, sind wichtige Lichtblicke, die immer wieder auch Hoffnung und Kraft geben, so daß es weitergehen kann.

In meiner Arbeit als Erzieherin habe ich jedes Jahr mit den Eltern der Kinder das Laternenfest vorbereitet.

Ein wesentlicher Gesichtspunkt war dabei, die Eltern darauf aufmerksam zu machen, wie wichtig es ist, sich des Hintergrundes der Arbeit klar zu werden.

Das Licht in der Dunkelheit ist es, das wir aus der Sommer- und Erntezeit heraus bewahren wollen, um es hinüberzutragen in die dunkle Zeit. Mit den Jahren sind immer wieder neue Laternen entstanden; somit ließ die Freude daran nicht nach, sich immer wieder auch innerlich neu mit diesem Thema zu befassen.

Das Laternenfest «St. Martin» trägt zwei Bildqualitäten in sich: zum einen die Mantelteilung und zum anderen die Erleuchtung der Dunkelheit durch das Licht. Für das Kleinkind ist das tätige Tragen der Laterne und das Sehen des Lichtes in der Dunkelheit vorrangig, für das größere Kind das Teilen des Mantels.

Der Legende nach erlebt Martin den Christus, nachdem er den Mantel mit dem Bettler geteilt hat. Er ist davon so bewegt, daß er sich taufen läßt und die Güte Gottes erkennt. Der Mantel ist das Bild für die Wärme und die fürsorgliche Umhüllung des Menschen, somit ist die Figur des Martin ein schöner Ausdruck für Mitgefühl dem anderen Menschen gegenüber: «Was ihr getan habt einem unter diesen meinen geringsten Brüdern, das habt ihr mir getan» (Matth. 25, 40).

Der Aspekt des Teilens ist dem kleinen Kind noch sehr fremd, für das größere Kind liegt darin schon eine altersentsprechende Entwicklungsaufgabe.

Die Lieder, Verse, Spiele und Bastelanregungen entstammen alle einer langjährigen Praxis und mögen dazu dienen, daß jeder das, was ihm gefällt und der jeweiligen Situation entspricht, auswählen oder als Anregung für eigenes Suchen oder Weiterentwickeln nehmen kann.

Einstimmung des Erwachsenen

Nach der Erntezeit beginnt der Übergang von der leuchtenden zur dunkleren Jahreszeit. Die Sonne scheint bald immer schwächer, aber sie schenkt uns ein wenig von ihrem Licht, und wir finden es dann in unseren Laternen wieder.

Lichtlein, Lichtlein leuchte
heller als der Tag,
weil die liebe Sonne
nicht mehr scheinen mag.
Unsere Laternchen leuchten
uns mit hellem Schein,
denn die dunklen Tage stellen
sich bald wieder ein.

In dem Puppenspiel vom Laternenmädchen können die Kinder dies sehen und miterleben (Puppenspiel s. S. 18 ff., Herstellung der Puppen S. 26 – 36). Früher gehörten die Laternenumzüge selbstverständlich mit in den Jahreskreislauf der Feste hinein. In der einbrechenden Dunkelheit zogen Kinder und Eltern hinaus und trugen ganz vorsichtig ihr Licht durch die Nacht. Dabei wurden Lieder gesungen, und manchmal ging man auch von Haus zu Haus. Da, wo es wirklich stockdunkel war, konnte dieser Gang zur kleinen Mutprobe werden. Zum Trost hatte man ja vor sich sein brennendes Licht, und die Lieder halfen bei diesem Weg.

Wer diese Laternenumzüge noch richtig miterleben konnte, der kann heute nachempfinden, daß dieses Tragen des Lichtes ein Bild für den Weg des Menschen sein kann. Das, was in der Natur im Sommer als Licht vorhanden ist, muß nun selbst entzündet und eigenständig beschützt und behütet werden, um es durchtragen zu können durch die dunkle Winterzeit. Ist dies gelungen, so kann das Licht im Herzen leuchten und sich im Weihnachtsfest dann wirklich ausdrücken.

Nun hüllt mit Nebelschleiern
der stille Herbst uns ein,
der Sonne Abschied feiern
wir mit Laternenschein.
Nun zündet an die Kerzen
und haltet gute Wacht,
tragt euer Licht im Herzen
durch dunkle Winternacht.

Das Laternentragen, ob in einem großen gemeinsamen Umzug oder als Kind alleine mit den Eltern und Geschwistern, rührt in uns besondere Gefühle an. Es ist schön und tröstlich zugleich, wenn die Dunkelheit durch ein Licht erhellt wird. Ähnliche Gefühle werden beim Betrachten eines Sternenhimmels oder der Sonne selber wach. Daher sind Sonne, Mond und Sterne nicht nur in den Laternenliedern, sondern auch auf den Laternen selber wiederzufinden. Durch die Lichter werden die Himmelskräfte symbolisiert, die durch die menschliche Seele auf der Erde wirksam werden wollen.

Ich geh' mit meiner Laterne
und meine Laterne mit mir,
dort oben leuchten die Sterne,
und unten leuchten wir.
Mein Licht ist schön
könnt ihr es seh'n,
rabimmel, rabammel, rabumm.

Bei einem solchen Lied fühlt sich das Kind eingebunden in das Ganze. Ich trage mein Licht, und das Licht der Sterne und des Mondes leuchten mir. Jedes Licht ist wichtig, jedes hat seine Bedeutung, das Licht hier unten auf der Erde, und das Licht dort oben am Himmel. Jeder geht seinen Weg, und jeder kann dazu beitragen, daß es in der Welt heller werden kann. Dies sind alles Bilder, die wir den Kindern auf ihrem Weg mitgeben können, die sie nie vergessen werden, die immer Gültigkeit haben und die sich tief einprägen.

Am 11. November wurde früher bei den Germanen das Fest des Wetter- und Windgottes Wotan gefeiert. Zu dieser Jahreszeit waren die Menschen besonders froh, wenn sie zu Hause bei Kerzenschein sein konnten.

Laterne, Laterne,
Sonne, Mond und Sterne,
brenne auf mein Licht,
brenne auf mein Licht,
aber nur meine liebe Laterne nicht.
Laterne, Laterne,
Sonne, Mond und Sterne,
sperrt ihn ein, den Wind,
sperrt ihn ein, den Wind,
er soll warten, bis wir zu Hause sind.
Laterne, Laterne,
Sonne, Mond und Sterne.

Es heißt auch, daß St. Martin Wotans Mantel getragen hat. So werden ihm zu Ehren mancherorts Martinshörnchen verspeist, deren Hufeisenform an Wotans Roß erinnern soll. (Siehe Rezept Seite 99.)

Das ist auch der Grund, warum sich in das Martinsfest viele heidnische Bräuche mischen.

Es ist ja in allen Bereichen wichtig, daß wir das, was wir tun, bewußt tun und wissen, warum wir etwas tun oder auch lassen. Wenn vom Hüten der Flamme gesprochen wird, dann versteht es sich von selbst, daß wir keine Lampen mit Batterien verwenden. So darf das kleine Kind schon mit der Flamme umgehen und muß auf sie aufpassen (selbstverständlich immer in Begleitung eines Erwachsenen). Es lernt etwas ganz Wichtiges dabei, nämlich, daß es selbst gemeint ist und wichtig genommen wird. Daraus kann Achtsamkeit entstehen.

Der heilige Martin war Bischof von Tours. In der Legende wird davon berichtet, daß er beim Ritt übers Land seinen Mantel mit einem frierenden Bettler teilte und ihm in der nächsten Nacht Christus erschien, bekleidet mit diesem Mantel.
Diese Tat leuchtet als ein schönes Bild für Güte und Opferbereitschaft.

Und heimlich in der Nacht
hat St. Martin einen Mantel
mitgebracht.
Bei dir klopft er an,
daß er dir seinen warmen
Mantel bringen kann.

Vorbereitung und Gestaltung des Laternenfestes

Für die Kleinen zu Hause

Da das kleine Kind mit allem unmittelbar verbunden ist, muß es noch einen geschützten Raum finden, um langsam alles neu begreifen zu können. So brauchen wir das kleine Kind nicht zu großen Laternenumzügen mitzunehmen, es ist wesensgemäßer, das Laternengehen zu einem festen Bestandteil des Tagesabschlusses werden zu lassen. Da sich die Laternenzeit über mehrere Wochen im November erstreckt, trifft man sich immer wieder mit den Nachbarn oder Freunden, trägt das Laternchen, das an den Tagen zuvor für das Kind gebastelt wurde, und singt Laternenlieder dazu. Zu Hause angekommen, ist Abendbrotzeit, und dann wird das Kind ins Bett gebracht.

Die Geschichte vom Sterntaler ist ein schöner Abschluß, der für diese Zeit gewählt werden kann. Zur Unterstützung dieses Bildes kann ein Transparent dienen, das im Kinderzimmer am Fenster hängt (siehe Beschreibung Seite 96).

Die Sterntaler

Es war einmal ein kleines Mädchen, dem war Vater und Mutter gestorben, und es war so arm, daß es kein Kämmerchen mehr hatte, darin zu wohnen, und kein Bettchen mehr, darin zu schlafen, und endlich gar nichts mehr als die Kleider auf dem Leib und ein Stückchen Brot in der Hand, das ihm ein mitleidiges Herz geschenkt hatte. Es war aber gut und fromm. Und weil es so von aller Welt verlassen war, ging es im Vertrauen auf den lieben Gott hinaus ins Feld. Da begegnete ihm ein armer Mann, der sprach: «Ach, gib mir etwas zu essen, ich bin so hungrig.» Es reichte ihm das ganze Stückchen Brot und sagte: «Gott segne dir's», und ging weiter. Da kam ein Kind, das jammerte und sprach: «Es friert mich so an meinem Kopfe, schenk mir etwas, womit ich ihn bedecken kann.» Da tat es seine Mütze ab und gab sie ihm. Und als es noch eine Weile gegangen war, kam wieder ein Kind und hatte kein Leibchen an und fror; da gab es ihm seins; und noch weiter, da bat eins um ein Röcklein, das gab es auch von sich hin. Endlich gelangte es in einen Wald, und es war schon dunkel geworden; da kam noch eins und bat um ein Hemdlein, und das fromme Mädchen dachte: Es ist dunkle Nacht, da sieht dich niemand, du kannst wohl dein Hemd weggeben, und zog das Hemd ab und gab es auch noch hin. Und wie es so stand und gar nichts mehr hatte, fielen auf einmal die Sterne vom Himmel und waren lauter harte blanke Taler. Und ob es gleich sein Hemdlein weggegeben, so hatte es ein neues an, und das war vom allerfeinsten Linnen. Da sammelte es sich die Taler hinein und war reich für sein Lebtag.

Für die Kindergartenkinder

Bevor die eigentliche Laternenzeit beginnt, stimmen wir die Kinder durch kleine rhythmische Fingerspiele, rhythmische Reime und Singspiele in diese Übergangszeit ein. Es ist die Zeit, in der vermehrt die Zwerge in den Liedern und Sprüchen auftauchen. Jetzt, wenn die Blätter als warme Decke für die Pflanzen auf die Erde fallen, wenn alles für den Winter vorbereitet wird, die Kinder die Blumenzwiebeln im Garten gesetzt haben, sorgen die elementaren Naturkräfte dafür, daß unter der Erde nun alles versorgt, gehütet und geschützt wird. Die Vorbereitungen für den nächsten Frühling sind nun abgeschlossen. Zwerge werden die Wesen und Kräfte genannt, die in der Natur im Verborgenen wirken.

Es rischelt, es raschelt, es ruschelt,
die Blätter sind verkruschelt.
Sie sind vom Bäumchen herabgekommen
und haben vor lauter Licht und Sonne
ein goldenes rotes Kleid an.

Die Zwerglein sind so leise.
Sie gehen auf die Reise.
Sie ziehen Zaubermützen an,
damit man sie nicht sehen kann.
Man sieht sie nicht.
Man hört sie nicht.
Sie zeigen selten ihr Gesicht.

Auch viele Tiere beginnen langsam ihren Winterschlaf. Die Natur zieht sich für eine gewisse Zeit in das Erdinnere zurück, um dann im Frühling mit aller Macht wieder hervorzukommen. Ein fester Punkt im Leben, auf den wir uns verlassen können!

Durch das Immerwiederkehrende kann das kleine Kind seinem Wesen gemäß ganz eintauchen und sich alles tief einprägen. So kann der Bezug zur Natur mit dem eigenen Wesen nachempfunden werden.

In dem «Kleinen Herbstspiel» (Seite 16 – 17; aus dem Arbeitsmaterial der Waldorfkindergärten Heft 4, Singspiele und Reigen) ist die

Möglichkeit gegeben, durch rhythmische Wiederholung dem Kinde Bilder zu geben, die ihm das Wesen der Natur nahe bringen. Auch hier wird schon vom Licht gesprochen, das geschützt werden will.

Die Durchführung des Herbstspiels

Das Herbstspiel ist als freies rhythmisches Spiel gedacht, bei dem sich die Kinder in einer losen Gruppe um den Erwachsenen versammeln oder sich mit im Kreise bewegen.

Beim Singen und Sprechen vermittelt der Erwachsene dem Kinde wesentliche Gesten, so daß die Kinder nachahmend in das Spiel eintauchen können. Alle singen und bewegen sich miteinander. Das Spiel prägt sich durch das tägliche Wiederholen über einen längeren Zeitraum ein, ohne daß Einzelrollen eingeübt werden.

Kleines Herbstspiel

(Text von Marianne Garff und Suse König)

Unter einem grünen Tännlein
wohnen winz'ge Wurzelmännlein,
klopfen, pochen Tag um Tag,
tun so manchen Hammerschlag.
Und das Tännlein steht und rauscht,
wiegt sich hin und her und lauscht.
Lustig sind die Männlein nun,
mögen schlafen nicht noch ruhn,
tanzen nach Wurzelmännlein-Weise
um das Tännlein rund im Kreise.

nach H. Diestel

Melodie: W. Klein

Vom Baume schüttelt's Hellerlein,
Goldschüsselchen und Tellerlein;
da spricht der Wicht im Birkenwald:
«'s wird abgedeckt, es herbstelt schon.»

Marianne Garff

Es spricht der Igel zu der Maus:
«Wir suchen uns ein Winterhaus.
Ihr Gnömchen mit dem Lichte,
o leuchtet uns, ihr Wichte!»

Melodie: W. Klein

Horch, horch, es klingt ein heller Ton,
ruft uns die Mutter Erde schon?

Leier, Flöte oder Glockenspiel spielen die folgende Melodie zweimal voraus.

Melodie: Ch. Jahr

Nach jeder Strophe wiederholen: «Liebe Mutter Erde»

Zum Hinausgehen folgt noch einmal das Lied: «Leuchte, leuchte, Lichtchen ...»

Am besten bereiten Eltern und Erzieher das Laternenfest gemeinsam vor.

Für den Laternenumzug sollten ruhige Wege gewählt werden, am besten ohne Verkehr. Wald, Schulgelände bzw. Kindergartengelände eignen sich besonders gut. Schön ist es auch, wenn der Weg so verläuft, daß man sich zwischendurch sehen kann (immer wieder im Kreis sammeln oder aneinander vorbeigehen).

Schon zwei Wochen bevor das eigentliche Laternenfest stattfindet, werden Vorbereitungen getroffen. Zum Ende des Kindergartenvormittages werden die Vorhänge zugezogen, und es wird dann ganz heimelig und gemütlich. In der Mitte des Raumes steht ein großes Kerzenlicht. Die Kinder sitzen im Kreis und dürfen nacheinander, begleitet von einem Laternenlied, ihr Laternchen im Kreise vor sich hertragen. Auf diese Weise lernen sie die Lieder ganz selbstverständlich und können sich so auf das Laternenfest freuen.

Wenn es am Laternenumzugstag dämmrig wird, treffen sich alle Kinder und Erzieher der Gruppe wieder und sehen zunächst das Puppenspiel vom Laternenmädchen. (Zum Aufbau siehe Seite 34 ff.; aus dem Buch: Kleine Märchen und Geschichten. Arbeitsmaterial aus den Waldorfkindergärten Heft 5.)

Das Laternenmädchen

Laternenlied: «Ich geh mit meiner Laterne ...»

Es war einmal ein Mädchen, das trug sein helles Laternchen durch die Straßen und freute sich daran.

Laternenlied wiederholen

Da kam der Wind mit Saus und Braus,
es blies der Wind das Lichtlein aus.

«Ach», rief das Mädchen, «wer zündet mir meine Laterne wieder an?» Aber wie es sich auch umschaute, da war niemand.

Ein Igel kommt

Was raschelt im Laub,
was trappelt im Gras,
was huschelt so schnell,
ein stachliger Gesell.

«Ach lieber Igel», rief das Mädchen, «der Wind hat mein Licht ausgeblasen, wer zündet mir meine Laterne wieder an?»

«Kann's dir nicht sagen,
mußt andere fragen.
Kann nicht verweilen,
muß heim zu meinen Kindern eilen.»

Melodie 1 (siehe Seite 21)
Das Mädchen wandert weiter. Ein Bär kommt.

Was brummelt daher?
's ist Petz, der Bär!

«Ach lieber Bär, der Wind hat meine Laterne ausgeblasen, weißt du nicht, wer sie mir wieder anzünden kann?»

Es wiegt der Bär den dicken Kopf,
den Zottelschopf.

«Kann's dir nicht sagen,
mußt andere fragen!
Bin müde nun, muß schlafen und ruhn,
brumm, brumm!»

Ein Fuchs kommt.

Was raschelt so leise,
was schleicht durch das Gras?
Ein schlau, listig Füchslein
hebt schnuppernd die Nas'
und spricht zu dem Mädchen:
«Was treibst du im Wald?
Geh flink du nach Haus,
will schleichen und lauern,
du verjagst mir die Maus.»

Da setzte sich das Mädchen auf einen Stein und weinte. «Will mir denn niemand helfen?»

Melodie 2

Das hörten die Sterne und sprachen: «Mutter Sonne mußt du fragen, Sonnenmutter kann's dir sagen.»

Melodie 2

Da faßte das Mädchen neuen Mut und ging weiter.

Melodie 1

Endlich kam es an ein Häuschen, drinnen saß eine alte Frau und ließ ihr Spinnrad surren. Das Mädchen machte die Türe auf und fragte: «Weißt du nicht den Weg zur Sonne, willst du nicht mit mir gehen?»
«Ich muß fleißig drehn das Rädchen, spinnen, spinnen feines Fädchen. Aber ruhe dich ein wenig aus bei mir, du hast noch einen weiten Weg zu gehen.»

Das Mädchen trat ein und setzte sich.

Melodie 3

Als sich das Mädchen ausgeruht hatte, nahm es seine Laterne und ging weiter.

Melodie 1

Und wieder kam es an ein Häuschen, der alte Schuster saß darin und hämmerte an seinen Schuhen.
«Guten Tag, lieber Schuster, weißt du nicht den Weg zur Sonne, willst du nicht mit mir gehen?» – «Ach nein», sprach der Schuster, «ich muß noch viele Schuhe flicken. Aber ruh dich ein wenig aus bei mir, du hast noch einen weiten Weg zu gehen.»

Melodie 3 summen

Als das Mädchen sich ausgeruht hatte, nahm es wieder seine Laterne und ging weiter. Endlich sah es in der Ferne einen hohen Berg. Da droben wird die Sonne wohnen, dachte es bei sich und lief so schnell wie ein Rehlein. Ein kleines Kind kam ihm entgegen, das spielte mit seinem

Ball. «Komm mit mir», rief das Mädchen, «wir gehen zur Sonnenmutter!» Aber das Kind mochte lieber spielen und hüpfte mit seinem Ball über die Wiese hin.

Da ging das Mädchen allein seinen Weg fort, stieg und stieg immer höher den Berg hinauf. Aber auch da droben fand es die Sonne nicht. Hier will ich warten, bis die Sonne kommt, dachte das Mädchen und setzte sich auf die Erde nieder. Und weil es so müde war vom langen Weg, fielen ihm die Augen zu, und es schlief ein.

Melodie 4

Aber die Sonne hatte das Kind schon lange gesehen. Und als der Abend kam, neigte sie sich herab und zündete sein Laternchen an.

Melodie 4

Da erwachte das Mädchen. «Oh, mein Laternchen leuchtet wieder», rief es, sprang auf seine Füße und machte sich fröhlich auf den Weg.

Da begegnete es wieder dem Kind: «Ich habe meinen Ball verloren und kann ihn nirgends finden.»

«Ich leuchte dir», sprach das Mädchen.

«Da liegt er», rief das Kind und hüpfte singend von dannen. Das Mädchen aber lief weiter ins Tal hinein, bis es zum Haus des Schusters kam. Der Schuster saß traurig in seinem Stübchen. «Mein Feuer ist ausgegangen. Nun sind meine Hände erstarrt vor Kälte, und ich kann die Schuhe nicht mehr flicken.»

«Ich will dein Feuer wieder anzünden», sprach das Mädchen. Da wärmte sich der Schuster seine Hände und konnte wieder fleißig hämmern und nähen.

Das Mädchen ging langsam weiter durch den Wald. Es kam zu der Hütte der alten Frau. In ihrem Stübchen war es dunkel. «Mein Licht ist ausgebrannt», sprach die Alte. «Nun kann ich schon lange nicht mehr spinnen.»

«Ich zünde dir ein neues an», sprach freudig das Mädchen. Da griff die alte Frau wieder zum Spinnrad, fleißig drehte sie das Rädchen, spann und spann ein feines Fädchen.

So kam das Mädchen endlich aufs freie Feld, und alle Tiere wachten auf von dem hellen Schein.

Das Füchslein schnupperte und blinzelte ins Licht, Petz der Bär brummelte und brummelte, er drückte sich nur tiefer in seine Winterhöhle. Der Igel trappelte neugierig heran:
«Was ist denn das für ein großes Glühwürmchen?»
Das Mädchen kehrte nun fröhlich heim und sang sein Lied:
«Ich geh mit meiner Laterne …»

Die Melodien des Laternenspiels

1

2
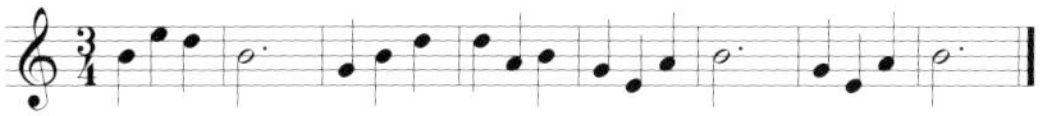

3

4

Anschließend ist es draußen schon dunkel geworden. Im Sandkasten stehen im Kreise die angezündeten Laternchen und empfangen die Kinder mit ihrem warmen Schein. Eltern und Kinder versammeln sich um das Licht, und gemeinsam werden einige Laternenlieder gesungen. Wir singen so lange, bis der Nachtwächter kommt und uns abholt zum eigentlichen Laternengehen. Er hat einen langen Mantel an, einen großen Hut auf und trägt eine große Laterne. Er geht voran und zeigt uns den Weg. Meistens begleitet uns dazu Musik (Trompete, Dudelsack oder Ziehharmonika), und Eltern wie Kinder singen die Laternenlieder (siehe ab Seite 102).

Am Ende des Umzuges sammeln wir uns in einem großen Kreis und singen noch ein paar Abendlieder zum Abschied (siehe ab Seite 102).

Zum Schluß werden die Martins- oder Mondenhörnchen verteilt (siehe Rezepte Seite 99).

Dann trägt jeder sein Licht nach Hause.

Für die größeren Kinder

Für größere Kinder kann der Gang schon länger sein. Ein geeigneter Ort ist der Wald. Mit den Laternen, begleitet von den Liedern, zieht man singend an einen vorher gut abgesprochenen Ort. In der Mitte des entstandenen Kreises spielt eine Gruppe von Kindern die Martinslegende mit verteilten Rollen (siehe unten).

Am Schluß singen alle das Lied: «Da draußen weht der Wind so kalt», und die Martinshörnchen werden geteilt. Mit dem Lied «Herr, bleibe bei uns» (siehe Seite 110) gehen alle nach Hause.

St. Martinspiel

(von Heinz Kittler)

Ritter: Wir reiten und wir traben,
was wir nicht alles haben,
an Ketten und an Ringen
und Schwertern – und die klingen!

Bettler: Mich friert so sehr,
mich friert so sehr,
ach gebt mir doch ein Kleid!
Der Wind, der kommt so kalt daher,
und alles ist verschneit.

Herren: Er will von uns die Kleider,
wir sind doch keine Schneider.
Steh auf, steh auf, du fauler Wicht,
von uns bekommst du's nicht.

Bettler: Bin lahm auf beiden Füßen,
ich kann euch nicht begrüßen.

Martin: Du sollst nicht länger leiden,
mein Mantel soll dich kleiden,
die Hälfte dir, die Hälfte mir,
daß keiner von uns beiden frier'.

Bettler: Habt vielen Dank,
habt großen Dank,
nun macht der Wind mich nicht mehr krank.

Herren: Martin, oh, was bist du dumm,
hast nur den halben Mantel um.
(Sie reiten fort.)
Wir ziehen und wir traben,
was wir nicht alles haben,
an Ketten und an Ringen
und Schwertern – und die klingen!

Erwachsener:
Und als Sankt Martin lag im Traum,
da kam ein Engel durch den Raum,
begrüßte ihn gar leise.
Der nahm St. Martin bei der Hand,
und führte ihn in Gottes Land
auf wunderbare Reise.

Da nahm er auch den Bettelmann,
der hatte seinen Mantel an,
und war vom Frost genesen.

Erläuterungen zum St. Martinspiel

Ritter/Herren:
– Rote Umhänge aus einfachem Baumwollstoff nähen.
– Kettengürtel umlegen.
– Steckenpferde.
– Schwerter aus Holz herstellen.

Bettler:
– Braun-grauer Umhang.
– Hut

Ritter und Herren sprechen den Text gemeinsam, Bettler und Martin alleine.

Alternativ zum Spiel kann die Martinslegende auch erzählt werden. Dazu nachstehend zwei Möglichkeiten.

Martinslegende

Es war vor vielen hundert Jahren ein junger Reitersknecht mit Namen Martin, der dem römischen Kaiser in der Stadt Amiens diente. Martin hatte schon viel von einem Weltenkönig und Gottessohne Jesu Christ gehört, wußte ihn aber nicht zu finden, sonst wäre er gerne zu ihm gegangen, ihm zu dienen.

Einmal geschah es in einem kalten Winter, daß Martin über Land geritten war, und als er zur Stadt Amiens zurückkam, fand er am Tor einen Menschen, der war nur in Lumpen gehüllt und zitterte vor Frost. Der kam an den Reiter Martin heran und hielt ihn auf und flehte ihn um ein Almosen an. Martin hatte kein Geld bei sich, und seine Taschen waren leer. Was sollte er dem Bettler geben? Er sah, wie sehr der Armselige fror, und rasch zog Martin das Schwert aus der Scheide und schlitzte seinen Mantel, der von den Schultern hing, mitten durch und reichte die Hälfte des Mantels dem Bettler, die andere wickelte er wieder um seinen Leib. So ritt er im Schneegestöber voran in die Stadt.

In der Nacht nach dieser Begebenheit hatte Martin einen Traum. Er sah, wie Jesus Christus, der Weltenkönig, auf den Martin so viele Jahre gewartet hatte, zu ihm in die Kammer trat, in der Martin selbst schlafend am Boden lag. Hinter Jesu Christ schritten etliche Engel. Die waren prunkvoll und wie Fürsten gekleidet. Jesu Christ, der König, war in jenen halben Mantel gehüllt, den Martin vor etlichen Stunden einem Bettler geschenkt hatte.

«Seht», hörte Martin Jesum Christum zu den Engeln sagen, die ihn begleiteten, «diesen Mantel hat mir mein Knecht Martin geschenkt. Darum will ich ihn zum Ritter machen und ausschicken in mein Reich!»

Als Martin nach jener Nacht erwachte und über den Traum nachsann, erkannte er wohl, daß jetzt die Stunde gekommen sei, den Diensten des irdischen Kaisers zu entsagen und nur noch Jesu Christ, dem Sohne Gottes, zu dienen.

Leo Weismantel

Martinslegende

Es war an einem Novembertag. Schwere graue Wolken verdeckten den Himmel. Ein eisiger Wind riß die letzten dürren Blätter von den Bäumen und fegte sie vor sich her.

Auf einer Landstraße in Frankreich ritt eine Gruppe junger Männer. Sie kam von Italien. Auf Befehl des Kaisers waren die Ritter unterwegs zu ihrer neuen Dienststelle. Sie mußten eilen, denn sie wollten noch vor Einbruch der Dunkelheit die nächste Ortschaft erreichen.

Es begann heftig zu regnen. In der Kälte gefror der Boden und wurde mit einem Male eisig glatt. Die Reiter mußten achten, daß die Pferde nicht ausglitten, und kamen nur noch langsam voran.

Als es zu dämmern begann, wurde einer der Kameraden ungeduldig und rief: «Seht ihr die Stadt dort hinten? Das wird Amiens sein. Wir müssen uns sputen, bald werden die Tore geschlossen.» – «Er hat recht», rief ein anderer, «unsere Pferde können sich die ganze Nacht erholen, da brauchen wir sie jetzt nicht zu schonen. Kommt schneller!»

Die Männer spornten ihre Tiere an. Nur einer von ihnen wollte nicht eilen und blieb immer weiter zurück. Es war der junge Ritter Martin. Er hatte Sorge um sein treues Pferd, das ihm schon so lange gute Dienste geleistet hatte. Er ritt lieber vorsichtig auf dem schlechten, gefrorenen Weg weiter und achtete, daß das Tier keinen Schaden nehme. Die Kameraden waren bald nicht mehr zu sehen.

Der Wind wurde stärker, und der Regen ging in dichtes Schneetreiben über. Feine Schneeflocken wehten Martin wie spitze Nadeln ins Gesicht. Er hüllte sich noch fester in seinen weiten Mantel und hielt mit klammen Fingern die Zügel fest.

Es war bereits dunkel, als Martin Amiens erreichte. Das mächtige Stadttor stand noch offen. Als er hindurchreiten wollte, blieb sein Pferd plötzlich stehen. Der Ritter nahm die Zügel fester in die Hand, doch das Tier rührte sich nicht von der Stelle. Er klopfte ihm den Hals und sprach ihm gut zu. Es half nichts. Das Pferd tat keinen Schritt weiter. Martin stieg ab und bemerkte erst jetzt einen armen Mann, der in einer Nische der Stadtmauer Schutz vor Wind und Wetter suchte. Er war nur mit wenigen Lumpen bekleidet und zitterte vor Kälte.

Martin, der unterwegs so oft Almosen an notleidende Menschen verteilt hatte, besaß an diesem Abend nichts mehr als sein Rittergewand und seinen warmen Mantel. Er wollte auch diesem Mann helfen. Ohne zu zögern, nahm er sein Schwert und schnitt seinen Mantel in zwei

Teile. Eine Hälfte gab er dem Armen, die andere hängte er sich selbst um die Schultern. Rasch und ohne einen Dank abzuwarten, stieg er wieder auf das Pferd und ritt in die Stadt, um seine Kameraden zu suchen.

Er fand sie in einer Gastwirtschaft. Dort saßen sie mit roten Backen bei Wein und Schnaps und grölten. Als Martin zu ihnen kam, höhnte einer: «Seht nur, der Martin ist auch schon da!» Doch ein anderer stieß ihn in die Seite und flüsterte: «Still, es ist etwas mit Martin! Seht ihr seinen Mantel?»

Die Kameraden kannten Martin. Während der Reise hatten sie oft genug erlebt, daß er armen Menschen, an denen sie vorbeizogen, Almosen gegeben hatte. Wie oft hatten sie ihn deswegen verlacht und gespottet: «Bald wirst du für dich nichts mehr haben!»

Als sie bemerkten, daß Martin nur noch mit einer Hälfte seines Mantels bekleidet war, sahen sie sich betroffen an. Was war geschehen?

Einer der Ritter schämte sich, daß er mit den anderen fortgeeilt war, ohne sich umzusehen. Er fragte: «Ist es möglich, daß du auch deinen Mantel geteilt hast, um einem Armen zu helfen?» Martin antwortete bescheiden: «Ja, ich habe nicht anders gehandelt, als ich es auch für meinen Bruder getan hätte.»

In der folgenden Nacht erwachte Martin durch ein helles Licht. Christus erschien ihm in der Gestalt des armen Mannes. Er hatte einen Teil des Mantels umgelegt und sprach zu den Engeln, die ihn umgaben: «Martin hat mich mit diesem Mantel gekleidet.»

Dieses Erlebnis bewegte Martin in tiefstem Herzen. Er fühlte sich aufgerufen, fortan dem Christentum zu dienen. Er ließ sich taufen und beendete, sobald es möglich war, seinen Dienst. Mit seiner Herzlichkeit, Güte und Liebe wirkte er selbstlos unter den Menschen. Viele Ritter folgten seinem Vorbild.

(Nach alten Martinslegenden, aus:
Das Jahreszeitenbuch, von Christiane Kutik.)

Anleitung für die Herstellung der Tiere und Puppen zum Puppenspiel vom Laternenmädchen

Stehpuppen

Die Stehpuppen für das Puppenspiel sind einfach gehalten. Ihre Köpfe sind aus einem quadratischen Stück Trikotstoff, der mit Wolle gefüllt, zur Kugel geformt und fest abgebunden wird. Ebenso werden die Hände in entsprechender Größe hergestellt. Die Haare werden aus farbiger Schafwolle aufgenäht.

Material:

Filz, Schafwolle, Zwirn, Trikot

Das Laternenmädchen

Den Körper bildet man, indem man die Kleidung entsprechend den Abbildungen auf den Seiten 27f. in einfachen Schnitten aus Filz zusammennäht und straff mit Schafwolle ausstopft.

Der Halsausschnitt wird mit Kräuselfaden versehen und an den Kopf genäht. Der Rock wird durch Zusammenziehen etwas angedeutet, die Hände werden an die Ärmel genäht.

Kleine Laterne aus Transparent- und Tonpapierresten herstellen und mit einem dünnen Hölzchen an den Arm des Mädchens nähen.

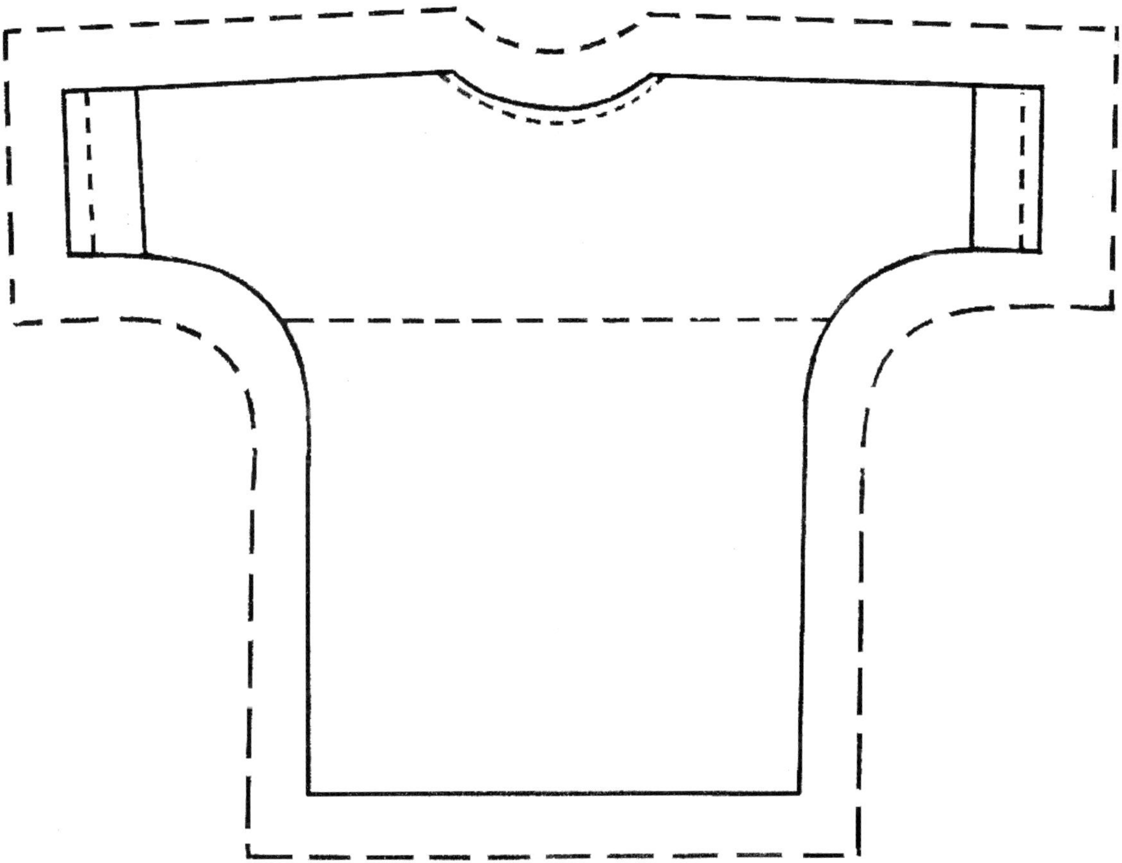

Schnitt für die Puppen,
jeweils mit 0,5 cm Nahtzugabe

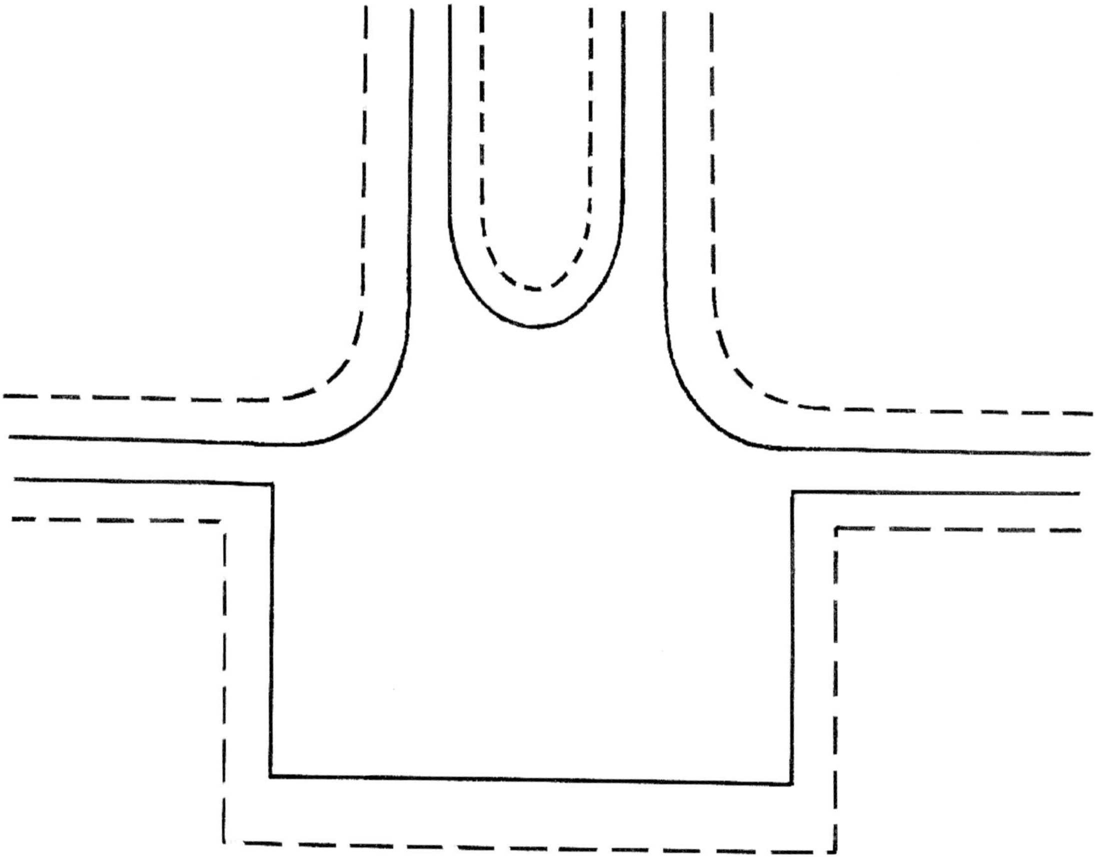

Schürze für den Schuster

Alte Frau

Schuster

Schuster / Alte Frau / Kind:

Wie oben beschrieben herstellen. Zusätzlich bekommt der Schuster eine Schürze umgehängt (siehe Zeichnung).

Das Kind hat einen kleinen Ball. Er ist aus Schafwolle geformt und an einem Faden befestigt (zum Auf- und Niederbewegen).

Damit die Puppen besseren Stand haben, kann auch ein Pappdeckel an der unteren Öffnung des Kleides mit eingenäht werden. Zum Schluß mit entsprechend großem Filzkreis den Boden verschönern. (Auf der Abbildung oben sind die Figuren für die schönere Darstellung im Buch sitzend abgebildet. Da es aber Stehpuppen sind, können sie im Spiel auf dem Tisch nur stehend verwendet werden.)

Ball
Laternenmädchen
Kind

Der Igel aus einer Kardenblüte

Material:

- eine Kardenblüte (lat. Dipsacus fullonum)
- 3 Stecknadeln mit schwarzen Köpfen

Arbeitsanleitung:

Man trennt die Blüte vom Stengel, achtet aber darauf, daß noch 0,5 cm für das Schnäuzchen übrigbleibt. Dann schneidet man die langen, halmartigen Teile um das Schnäuzchen herum ab. Eine Seite wird durch Entfernen der Stacheln abgeflacht, so daß der Igel nicht umrollen kann. Nun wird für das Näschen eine Stecknadel in die hohle Öffnung des Stengelrests gesteckt. Die anderen beiden Stecknadeln (für die Augen) werden schräg oberhalb der Nase hineingesteckt, so daß sie bis auf die Köpfe völlig in der Kardenblüte verschwinden. Sollten die Stacheln des Igels an der Vorderseite allzu steil aufragen, werden sie schräg abgeschnitten. Der Igel ist vorne spitz und hinten rund.

Igel sind nicht gerne allein …

Die Tiere

Tiere, soweit sie etwas größer sein sollen und auf Beinen stehen, brauchen zum besseren Halt ein Drahtgestell. Sisalumsponnener Draht ist dick und sehr stabil, aber nicht so geschmeidig wie Biegeplüsch oder Pfeifenputzer. Wir bevorzugen Biegeplüsch, weil die Wolle sich in dem haarigen Material sofort verhakt und gut hält.

Drahtgestell ungebogen

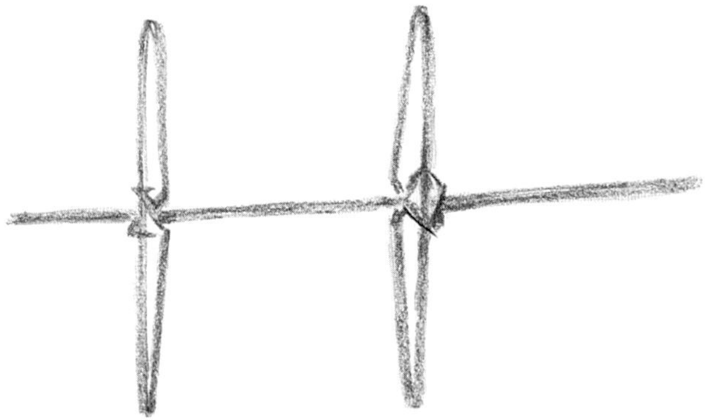

Schaf:
Beine und Rücken je 4 cm,
Kopf mit Hals 6 cm,
Schwanz 3 cm.

Er ist in 50 cm langen Stücken in Bastelgeschäften erhältlich. Pfeifenputzer sind dünner und kürzer, aber für kleine Tiere auch geeignet.

Fertigt man zum ersten Mal ein Tier an, so rate ich, mit einem *Schäfchen* zu beginnen. Dieses hat eine handliche Größe, und sollte es nicht gar so gut gelingen, fällt das im Zusammenhang einer eventuell folgenden Herde nicht auf. Für die Schäfchen wurden Pfeifenputzer benützt und, wie abgebildet, gebogen. Beim Drahtgestell gilt meiner Erfahrung nach die Faustregel, daß Beine und Rücken die gleiche Länge haben. Die Beine verkürzen sich später, da der Rücken dicker umwickelt wird. Ihr doppelter Draht ist so gebogen, daß sich das geschlossene Ende an den Zehen befindet.

Die Beine werden am Rückendraht gut befestigt, damit sie später beim Umwickeln mit Wolle nicht verrutschen. Mit dem Umwickeln beginnen wir an den Beinen, indem wir ein ganz kleines Ende eines schmalen, ca. 40 cm langen Wollstranges zwischen die Drähte ziehen. Dieses wickeln wir zwei- bis dreimal um den untersten Bogen, dann klemmen wir die beiden Drähte zusammen und umwickeln sie.

Alle Wollstränge der Beine befestigen wir am Rücken, bevor wir ihn, am Schwanz beginnend, in Angriff nehmen. Der Kopfdraht wird erst, nachdem er von einer Schicht Wolle umgeben ist, gebogen und dann, indem wir ihn mehr oder weniger an den entsprechenden Stellen umwickeln, gestaltet. Auch der Rumpf kommt auf diese Weise «in Form». Zuletzt wird Wolle als Fell locker aufgelegt und mit großzügig verteilten, kleinen Stichen angeheftet. Die Ohren werden als leicht gedrehte Wolle mit der Häkelnadel, die in den Rücken eingeführt wird und am Kopf herauskommt, einzeln eingezogen. Man kann auch etwas Wolle mit einer dicken Nadel von der einen zur anderen Seite durch den Kopf ziehen und die jeweils herausstehenden Enden in die gewünschte Form zupfen.

Der *Fuchs* wird mit entsprechend geformtem Gestell angefertigt wie das Schaf.

Fuchs:
Beine 4 cm, Rücken 5 cm,
Kopf mit Hals 12 cm,
Schwanz 6 cm.

Der *Bär* erfordert als großes Tier etwas mehr Geschick und Geduld. Aber man kann, sobald er stabil genug umwickelt ist, manches ausgleichen durch das struppige Fell, welches ihn schlußendlich umhüllt. Sein Kopf trägt im Innern zur Verstärkung mehr Draht als die anderen Tiere. Die Zeichnung zeigt, wie er gewickelt wird.

Bär:
Beine 8 cm,
Rücken 9 cm,
Kopf mit Hals 25 cm,
Schwanz 3 cm.

Aufbau und Durchführung des Spiels:

Das Puppenspiel wird vor dem Laternenfest von Erziehern oder Eltern aufgebaut.

Materialien

Tisch,
kleine Kisten,
Glas,
Teelicht,
grüne, braune Baumwolltücher,
grüne, braune Seidentücher,
Wurzel,
Tannenzapfen,
getrocknete Blätter,
gelbes Seidentuch für die Sonne,
großes blaues Seidentuch für den Himmel,
Großer Seidenschleier zum Abdecken,
Goldsternchen aus dem Bastelgeschäft,
Spielständer,
Holzklötze für den Unterbau,
Laternenkind,
Kind,
Schuster,
alte Frau,
Bär,
Fuchs,
Igel.

Die offene Tischbühne ist besonders geeignet für dieses Alter. Der Spieler steht sichtbar dahinter und führt die Puppen. So kann das Kind den Prozeß ganz miterleben.

Der Bühnenaufbau

Der Tisch wird mit einem großen dunkelgrünen Baumwolltuch abgedeckt. Hinter dem Tisch steht ein Spielständer, der nur so hoch sein darf, daß der Spieler von dort die Puppen gut führen kann. Über den Ständer ist ein blaues Seidentuch als Himmel gebreitet und mit goldenen Sternchen beklebt.

Davor wird die Kulisse gebaut (siehe Zeichnung S. 35)

Ein geschnitztes Haus aus Holz deutet die Heimat an, aus der das Mädchen kommt.
Der Bär wohnt unter einer Wurzel, die als Höhle gestaltet ist.
Die Häuser der alten Frau und des Schusters werden mit kleineren Holzklötzchen unterbaut und mit Seidentüchern umkleidet.

Links im Vordergrund hat der Igel seinen Platz, er sitzt mitten in einem kleinen Blätterhaufen (er raschelt, wenn er sich bewegt). Daneben sitzt der Fuchs.

Der Weg ist mit verschiedenen Seidentüchern in Grün- und Brauntönen angedeutet.

Er führt zur rechten Seite, dort wird mit Kistchen und Holzklötzen eine Treppe aufgebaut und wiederum mit Tüchern in Braun und Grün abgedeckt.

Am Ende der Treppe ist ein kleines Podest gebaut, auf dem ein Glas Platz findet. Das Glas ist mit einem gelben Seidentuch umhüllt und stellt die Sonne dar. Ein schon vor dem Spiel angezündetes Teelicht, das hinter der Bühne griffbereit und für die Zuschauer nicht sichtbar versteckt steht, wird, wenn die Sonne kommt, in das Glas gestellt.

Vorne am Tischrand stehen in einer Reihe viele Teelichter in kleinen Gläsern, die den Weg beleuchten.

Der Spieler

Der Spieler steht im Mittelpunkt des Geschehens, und da er auch ein Bestandteil der Bühne ist, ist es wichtig, daß seine Kleidung einfarbig ist, damit das Bild nicht durch wilde Muster gestört und das Kind dadurch abgelenkt wird. Der Spieler führt die Puppen mit ruhigen Gesten, die Bewegungen stimmen mit dem gesprochenen Wort zusammen.

Der Erzähler

Der Erzähler sitzt am Rand des Zuschauerraumes in der ersten Reihe an einem kleinen Tisch, auf dem eine Kerze steht.

Die Erzählung muß mit dem Bühnengeschehen übereinstimmen und sollte deutlich und klar sein, so daß das Kind in einen gleichmäßigen, aber nicht langweiligen Erzählstrom eintauchen kann.

Die Musik

Schön ist es, wenn eine weitere Person sich um die Musik kümmern kann. Die Leier ist dazu besonders geeignet. (Melodien des Laternenspieles siehe Seite 21.)

Vor der Aufführung ist die Puppenbühne mit einem großen Seidenschleier abgedeckt. Erst wenn alle Kinder ihren Platz gefunden haben und das Laternenlied «Ich geh mit meiner Laterne» gesungen wurde, wird der Schleier abgenommen. Das Puppenspiel kann beginnen. Zum Schluß wird alles wieder abgedeckt.

Bastelanleitung für einen Zwerg

(Idee: Anne Wenning)

Folgender Zwerg ist zum Spielen gedacht. Er kann seinen Platz unter einer Wurzel finden und regt in der Herbstzeit zu manch schönem freien Spiel an. Gerne wird auch das Säckchen mit den Edelsteinen ein- und ausgepackt.

Material

- Holzkugel für den Kopf (ca. 2,5 cm Durchmesser)
- Weißer Vliesstoff
- Rosa Puppen-Trikotstoff für Gesicht und Hände
- Farbige Filz- oder Stoffreste für den Zwergenrock, die Zipfelmütze und das Säcklein (braun)
- Gewaschene, gezupfte Schafwolle zum Ausfüllen des Zwergenrockes
- Farbige «Märchenwolle» für den Bart
- Glöckchen für die Zipfelmütze
- Farbiges Nähgarn für Augen und Mund (rot)
- Weißer Zwirn
- Halbedelsteinsplitter als Säckcheninhalt
- Kleine Laterne (siehe Anleitung Seite 91).

Herstellung

Ein Stück Vliesstoff in der Breite des Kugelumfanges und der Länge von etwa dem dreifachen Kugeldurchmesser wird mit dem oberen Ende um die Kugel geschlungen, dann oberhalb und seitlich mit Zwirn vernäht und unter der Kugel abgebunden.

So wird die Kugel einerseits gut überspannt, und andererseits verleiht das nach unten verlaufende Vliesstück dem späteren Zwergenkopf Stabilität bei der Verbindung mit dem Zwergenrock.

Aus einem Vliesrestchen bildet man durch Zusammenrollen eine sehr kleine Knubbelnase und näht sie auf die umwickelte Holzkugel.

In gleicher Weise wie die Anbringung des Vliesstoffes wird die Kugel nun mit einem etwas kürzeren Stückchen Trikotstoff überzogen, wobei die sich ergebende, obere Kopfumrandung auch mit einem Reihfaden zusammengezogen werden kann, der später unter der Zipfelmütze verschwindet.

Nun aus Filz oder Stoff die Teile des Zwergenröckchens (siehe Skizze Seite 38) zuschneiden und zusammenziehen, wobei die offenbleibende Halsöffnung, wie aufgezeichnet, groß genug ausgespart bleibt.

Nun wird der abgebundene Vlies- und Trikotrumpfteil durch die Halsöffnung des Zwergen-

Schnitt für Zwergenkleid und Mütze

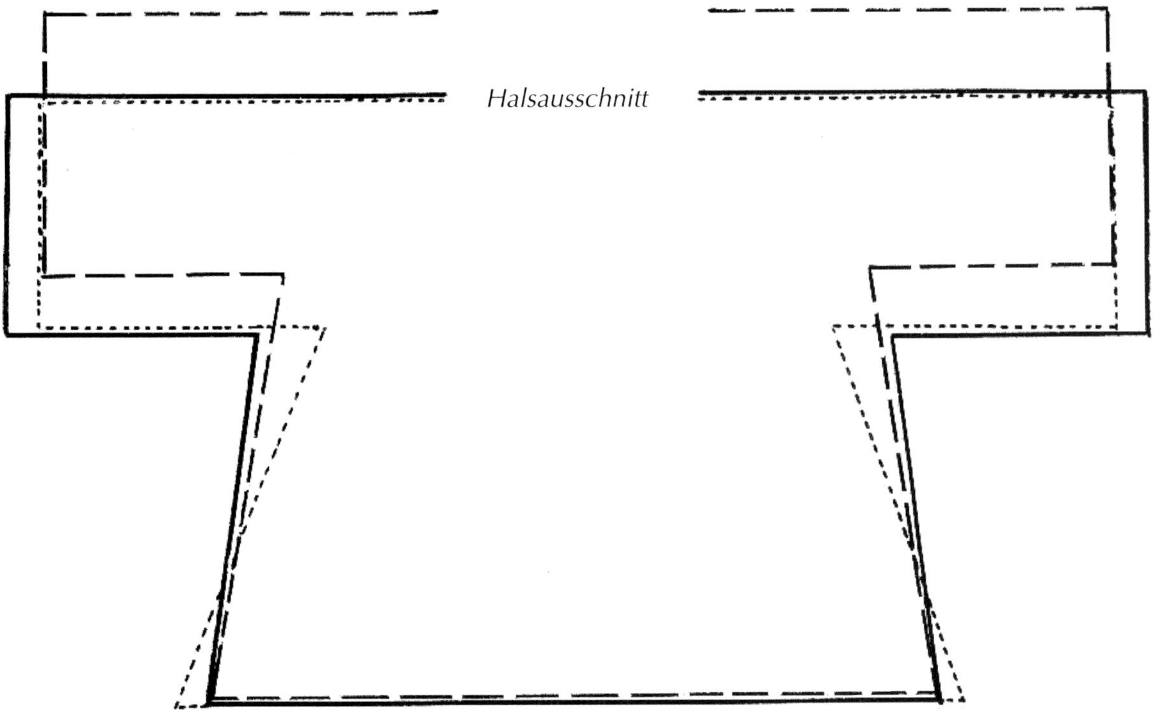

Die drei Linien geben Variationsmöglichkeiten an.

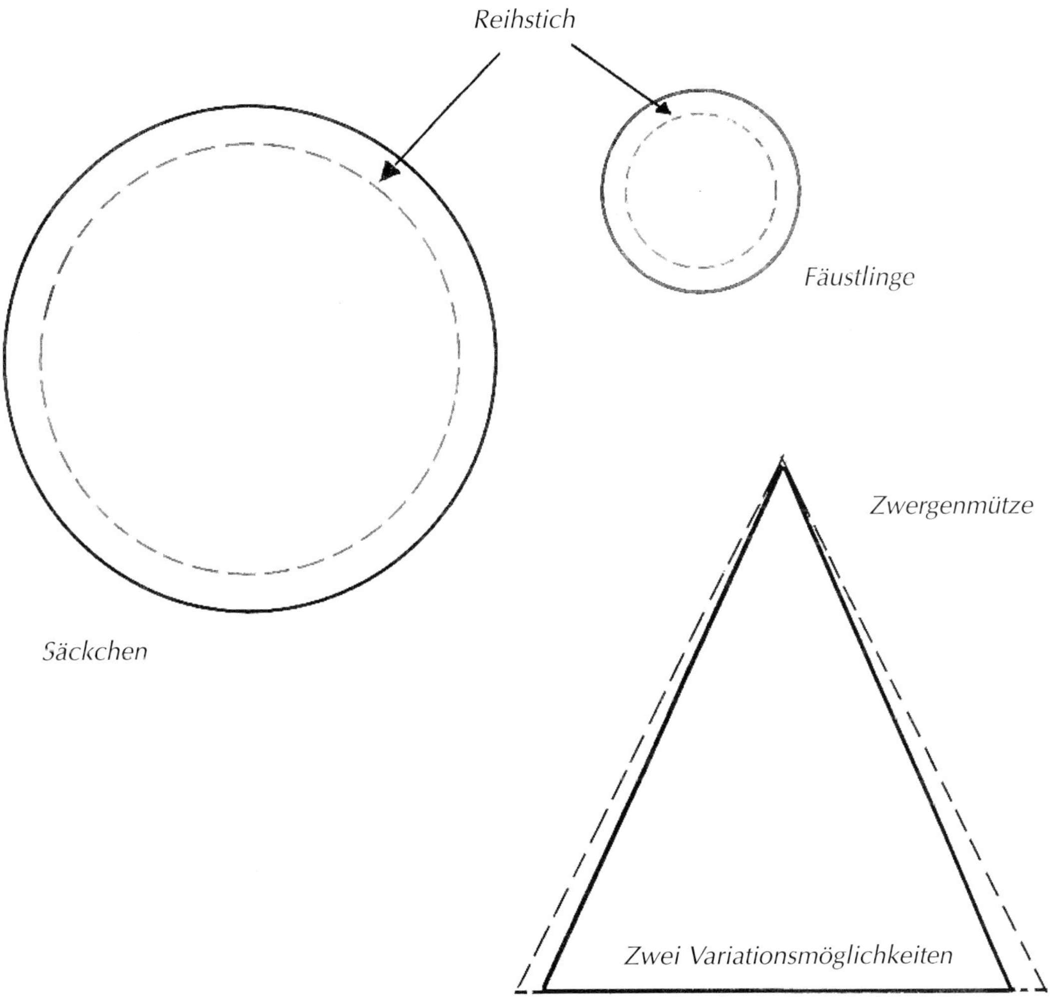
Reihstich
Fäustlinge
Säckchen
Zwergenmütze
Zwei Variationsmöglichkeiten

rockes geführt und an der Halsöffnung vernäht. Der Zwergenrock wird mit Rohwolle ausgestopft, und zwar so stark, daß der Zwerg gut stehen kann.

Sodann erhält die Standfläche eine aus Stoff oder Filz nach ihrer Größe zugeschnittene runde Abdeckung, die angenäht wird.

Zur Herstellung der beiden Fäustlinge wird je ein zur Größe der Armöffnungen passendes Wollknäulchen geformt. Aus Trikotstoff eine im Durchmesser dreimal größere runde Fläche ausschneiden, diese in der Außenrandnähe im Reihstich mit einem Zwirnsfaden versehen (siehe Skizze Seite 39). Das Wollknäuel wird auf die Mitte der Fläche gelegt, durch Anziehen des Zwirnsfadens vom Trikotstoff umschlossen, in die Ärmelöffnungen gesteckt und dort vernäht.

Aus Märchenwolle wird nun durch vorsichtiges Zupfen ein üppiger Bart geformt, dessen obere zwei Außenflächen oben und seitlich am Trikotstoff festgenäht werden.

Es ist auch möglich, den ausgezupften Bart vor dem Befestigen mit einem Loch zu versehen, durch das man den Kopf steckt. So erhält man für die gesamte Kopfrundung eine Haarbedeckung, die auch den Hinterkopf mit einschließt.

Die Zwergenmütze (siehe Skizze Seite 39) zuschneiden, nähen, evtl. mit Schafswolle ausstopfen.

Die Mütze an den Trikotstoff des Kopfes annähen, darauf achten, daß der Mützenrand tief genug ins Gesicht zu ziehen ist.

Als letztes werden mit sparsamen Stichen die Augen und der Mund gut plaziert gekennzeichnet, dabei darauf achten, daß die Stiche tief genug auf der unteren Halbkugel angebracht werden.

Für das Edelsteinsäckchen wird ein braunes Stoffstückchen zugeschnitten, wie bei der Herstellung der Fäustlinge. An Stelle des Zwirns ist ein dünner Wollfaden angemessener, dessen langgelassene Enden zugeknotet werden.

Kleine Laterne (siehe Anleitung Seite 91) aus Transparent- und Tonpapierresten herstellen und mit einem dünnen Hölzchen an den Arm des Zwerges nähen.

So sehen die fertigen Zwerge mit Laterne und Edelsteinsäckchen aus.

Arbeitsanleitung für die Laternen

Anleitungen für die Laternen und Schablonen

Ich habe versucht, die Laternen so zu entwerfen, daß sie diesem Fest nach Form und Farbe gerecht werden, daß also Sonne, Mond und Sterne immer wieder auftauchen und aufleuchten können. Auf andere Figuren wie Enten, Eulen oder Dinosaurier u.a. wird bewußt verzichtet, weil diese Motive vom eigentlichen Geschehen ablenken. Überwiegend werden die Eltern bei der Herstellung der Laternen mitwirken, aber es sind auch immer Kleinigkeiten, an denen die Kinder selber mitarbeiten können. Wichtig ist es, daß Form, Motiv und Farbe immer harmonisch zueinander passen. Die runden Laternen sind immer nach den Maßen des gleichen Grundmusters gearbeitet. Die Seitenmotive können beliebig ausgetauscht werden. Einige passen auch auf die Fünfecklaterne und zur Kastenlaterne.

Material

Alle Laternen dieses Buches werden aus Papier und Karton gefertigt. Am besten eignet sich: **Fotokarton**, da er in vielen Farben erhältlich ist. Er ist biegsam und läßt sich gut schneiden.

Transparentpapier (Pergamin-Drachenpapier) ist ein farbiges oder weißes Papier mit glatter Oberfläche und durchscheinend.

Architektenpapier ist ein hochtransparentes, mattes Zeichenpapier, das vorwiegend für technische Zeichnungen verwendet wird. Seine Oberfläche ist glatt, radierfest und milchig weiß.

Sonstiges Material: Bleistifte, Wachsmalstifte, Aquarellfarben, Plakatfarbe, Zeichenkarton, Draht, kleine Wäscheklammern, Alleskleber, z.B. Uhu oder Tapetenkleister.

Zum Ausschneiden: Am besten eignen sich vorne abgerundete Kinderbastelscheren.
Für große lange Schnitte sind große Papierscheren vorzuziehen.
Für Innenausschnitte und Kurven gebrauchen die Erwachsenen spitz zulaufende Silhouettenscheren.

Falten und Falzen

Falzlinien müssen angeritzt werden, um unschöne Knickstellen zu vermeiden. Das Lineal wird dazu genau an die Faltlinie angelegt, mit dem Messer unter leichtem Druck dieser Linie nachfahren, anschließend nach innen umknikken. So wird die Kante sauber.

Kleben

Nur wenig Klebstoff verwenden und nicht zu dick auftragen. Die Klebestellen beschweren oder mit kleinen Wäscheklammern fixieren. Eventuell auch beide Klebestellen dünn mit Klebstoff bestreichen, kurz antrocknen lassen und die Teile fest zusammenpressen.

Grundmuster und Schablonenvorlagen aufzeichnen und übertragen

Die Grundmuster aller Laternen sind mit Maßangaben aufgezeichnet und können den Maßen entsprechend auf den Karton übertragen werden. Die Schablonenvorlagen aller Motive sind in Originalgröße abgebildet und können mit Hilfe von Kohlepapier direkt auf den Fotokarton übertragen werden.

Herstellung der Schablonen

Um das Übertragen der Motive zu vereinfachen, ist es ratsam, sich von diesen Teilen Schablonen herzustellen. Es wird dazu Pergament- oder Butterbrotpapier über das Motiv gelegt und mit dem Bleistift abgepaust. Diese kopierte Vorlage wird nun auf eine dünne Pappe geklebt. Nach dem Antrocknen das Motiv ausschneiden. Die Schablone ist nun fertiggestellt, mit ihr werden nun die einzelnen Elemente auf die Seitenwände der Laterne übertragen und ausgeschnitten.

Handelt es sich um Motive, die aus dem Transparentpapier herausgeschnitten werden sollen, wird ebenso verfahren.

Schablone 1:
Vorlage für die großen
und die kleinen Sterne

Schablone 2:
Vorlage mittlerer Stern
und Mond

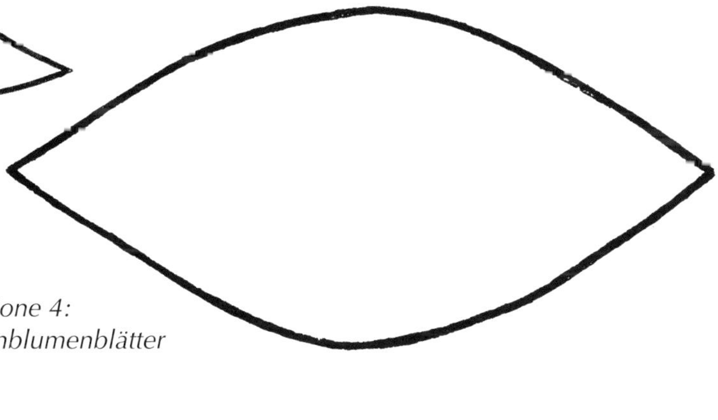

Schablone 4:
Sonnenblumenblätter

Schablone 3:
Vorlage Fünfeck-Transparent

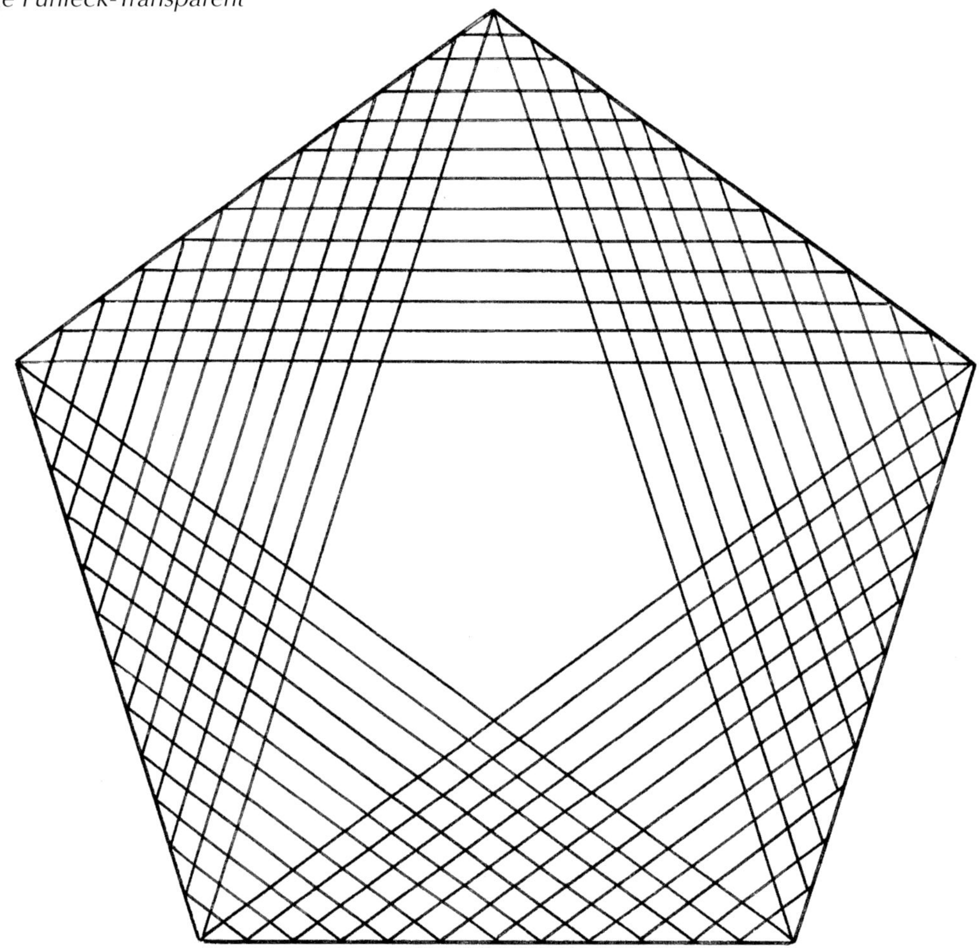

Fertige Laterne Grundmuster 1 (1)

 Fertige Laterne Grundmuster 1 (2)

Fertige Laterne Grundmuster 1 (3)

Grundmuster 1

Runde Laterne

Aus Fotokarton werden zwei gleich große Kreise mit Durchmesser 23 cm ausgeschnitten, dazu ein passender Mittelstreifen mit Klebezacken (siehe Zeichnung).

Je 1 cm vom Rand des Mittelstreifens beidseitig falzen und Zacken ausschneiden. Motiv für die beiden Seitenteile wählen (siehe Schablonenvorlagen Seiten 46 f.), fertigstellen. Zum Schluß die Laternen zusammenkleben, mit Draht und Kerzenhalter versehen (siehe Seite 94 f.).

Bei dieser Laternenform können alle Seiten miteinander kombiniert oder auch seitengleich gestaltet werden. Man kann seiner Phantasie freien Lauf lassen.

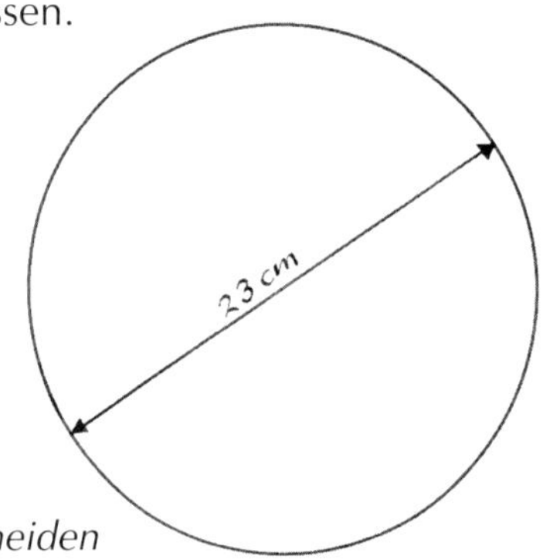

2x zuschneiden

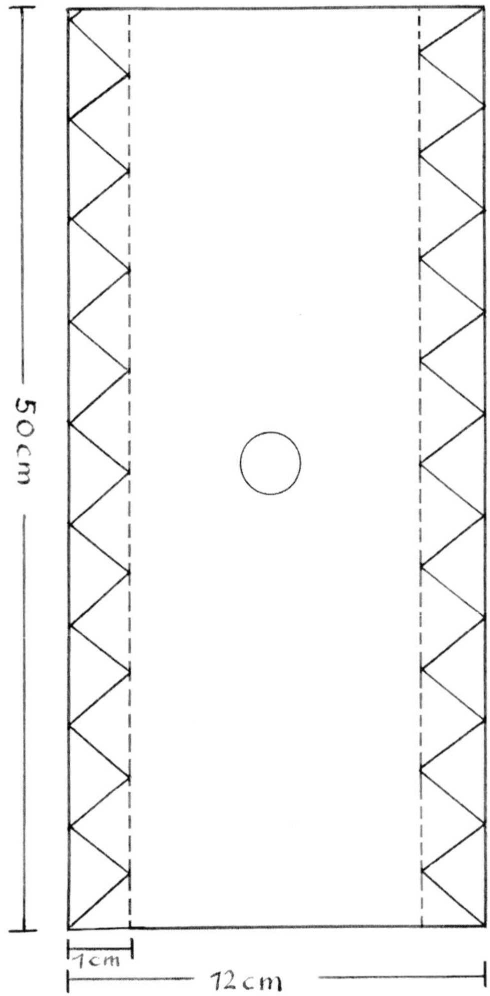

Sternenlaterne

Material

Roter Fotokarton,
gelbes Transparentpapier,
Schere,
Kleber,
Draht,
Kerze,
Kerzenhalter.

Den Fotokarton nach Grundmuster 1 zuschneiden.

Die kleinen Sterne nach Schablonenvorlage 1 ausschneiden und mit gelbem Transparentpapier hinterkleben.

Anschließend die Teile zusammenkleben wie bei Grundmuster 1. Mit Kerze und Kerzenhalter versehen.

Sternenreigenlaterne

Material

Lila Fotokarton,
gelbes Transparentpapier,
weißes Transparentpapier,
Schere,
Kleber,
Draht,
Kerze,
Kerzenhalter.

Diese Laterne wie die Sternenlaterne arbeiten.

Den Fotokarton nach Grundmuster 1 zuschneiden.

Die kleinen Sterne nach der Schablonenvorlage1ausschneiden und mit gelbem Transparentpapier hinterkleben.

Den Mond nach Schablonenvorlage 2 ausschneiden und mit weißem Transparentpapier hinterkleben.

Anschließend die Teile zusammenkleben wie bei Grundmuster 1.

Mit Kerze und Kerzenhalter versehen.

Sonnenblumenlaterne

Material

Gelber Fotokarton,
weißes Transparentpapier,
gelbes Transparentpapier,
Kleber,
Schere,
Draht,
Kerze,
Kerzenhalter.

Den Tonkarton nach Grundmuster 1 ausschneiden.

Innenkreis ausschneiden, so daß ein 2 cm breiter Rand stehenbleibt.

Das weiße Transparentpapier auf die Innenseiten kleben, dann die Blütenblätter (Schablonenvorlage 4) aus goldgelbem Transparentpapier schneiden und zur Blume überlappend auf das weiße Transparentpapier kleben.

Zum Schluß in voller Größe noch einmal mit weißem Transparentpapier überkleben.
Die Laterne nach Grundmuster 1 fertigstellen.

Sternlaterne

Material

Blauer Fotokarton,
gelbes Transparentpapier,
Kleber,
Draht,
Schere,
Kerze,
Kerzenhalter.

Den Fotokarton nach Grundmuster 1 zuschneiden.

Das Pentagramm nach Schablonenvorlage 3 auf die beiden Seitenteile übertragen und ausschneiden. Das Transparent für das Pentagramm wie folgt herstellen:

Das gelbe Transparentpapier in entsprechend große Teile zuschneiden und dann so hinter die Fünfecköffnung kleben, wie es die Zeichnung unten zeigt.

Ist ein Fünfstern entstanden, wiederholt man den Vorgang, bleibt aber diesmal 0,5 cm außerhalb des ersten Sternes. Wieder entsteht ein Fünfstern. Der dritte Stern wird ebenso gefertigt, wieder 0,5 cm außerhalb usw. Diese Schritte so oft wiederholen, bis der Rand erreicht ist.

Alles weitere wie im Grundmuster 1 beschrieben.

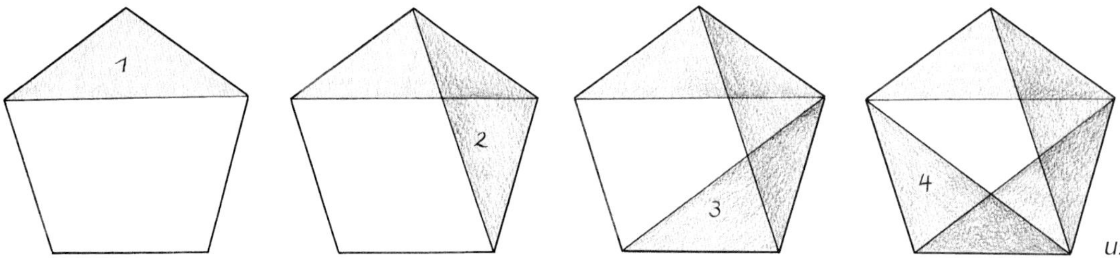

usw.

Mond-und-Sterne-Laterne

Material

Blauer Fotokarton,
goldgelbes Transparenrpapier,
weißes Transparentpapier,
Kleber,
Schere,
Draht,
Kerze,
Kerzenhalter.

Den Fotokarton nach Grundmuster 1 (Seite 52) zuschneiden.

Einen weiteren Kreis mit dem Durchmesser 21 cm anzeichnen.

Diesen so entstandenen Innenkreis ausschneiden, so daß ein Rand von 2 cm bleibt.

Die so entstandene Aussparung mit weißem Transparentpapier hinterkleben. Den nun als Rest herausgefallenen Innenkreis auf 13 cm Durchmesser verkleinern. In diesen kleineren Kreis die Sterne hineinschneiden (siehe Schablonenvorlage 1, Seite 46) und mit gelbem Transparentpapier hinterkleben. Entsprechend der Zeichnung einkleben.

Alles weitere wie in Grundmuster 1 beschrieben.

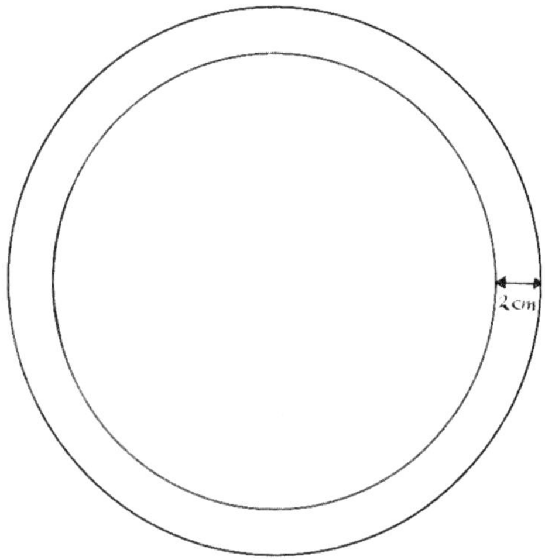

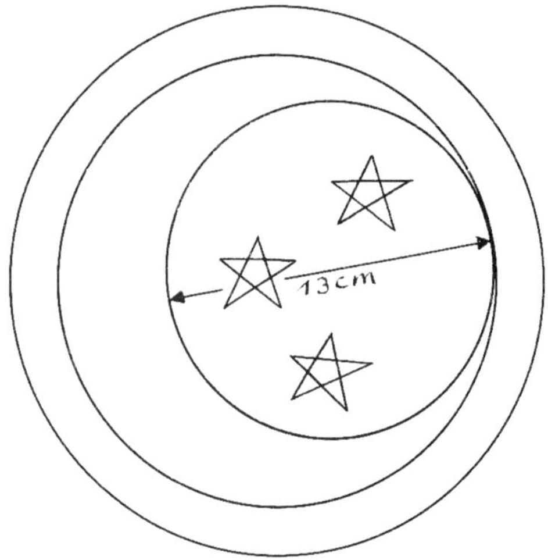

Morgensternlaterne

Material

Blauer Fotokarton,
gelbes Transparentpapier,
Kleber,
Schere,
Draht,
Kerze,
Kerzenhalter.

Den Tonkarton nach Grundmuster 1 (Seite 52) ausschneiden.

Den großen Stern nach Schablonenvorlage 1 (Seite 46) ausschneiden und auf die beiden Seitenteile übertragen und ausschneiden.

Mit dem gelben Transparentpapier hinterkleben. Nach Grundmuster 1 die Laterne fertigstellen.

Abendsternlaterne

Material

Blauer Fotokarton,
Aquarellpapier,
Aquarellfarben rot und gelb,
Kleber,
Schere,
Draht,
Kerze,
Kerzenhalter.

Den Tonkarton nach Grundmuster 1 (Seite 52) zuschneiden.

Das Aquarellpapier mit roter und gelber Aquarellfarbe bemalen und gut trocknen lassen.

Einen Innenkreis aus den zwei Seitenscheiben ausschneiden, so daß ein Rand von 2 cm stehenbleibt.

Mit dem getrockneten Aquarellpapier hinterkleben und weiter verfahren wie bei der Mond-und-Sterne-Laterne (siehe Seite 58).

Auf den verkleinerten Innenkreis von 13 cm Durchmesser den mittleren Stern von Schablonenvorlage 2 (siehe Seite 47) übertragen und ausschneiden.

Dieses Teil dann auf das Aquarellpapier so aufkleben, daß ein Mond sichtbar wird.

Rosettenlaterne

Material

Gelber Fotokarton,
gelbes Transparentpapier,
Architektenpapier,
Kleber,
Schere,
Draht,
Kerze,
Kerzenhalter.

Den Fotokarton nach Grundmuster 1 (Seite 52) zuschneiden. Innenkreis herausschneiden, so daß ein Rand von 2 cm stehenbleibt. Mit Architektenpapier hinterkleben. Transparentpapier 4 mal nach Grundmuster 1 zuschneiden und falten. Erst zur Hälfte, dann zum Viertel, zum Schluß zum Achtel. Die so entstandenen Keile von den Kindern durch runde und eckige Formen frei einschneiden lassen.

Die «Keile» auseinanderfalten und jeweils zwei Muster aufeinanderkleben, anschließend beide Teile innen auf die Seitenteile der Laterne kleben.

Nach Grundmuster 1 (siehe Seite 52) weiter verfahren.

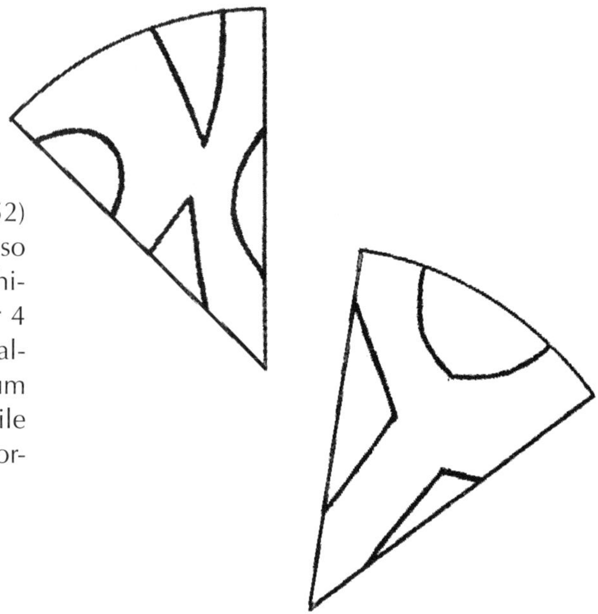

Sonnenlaterne

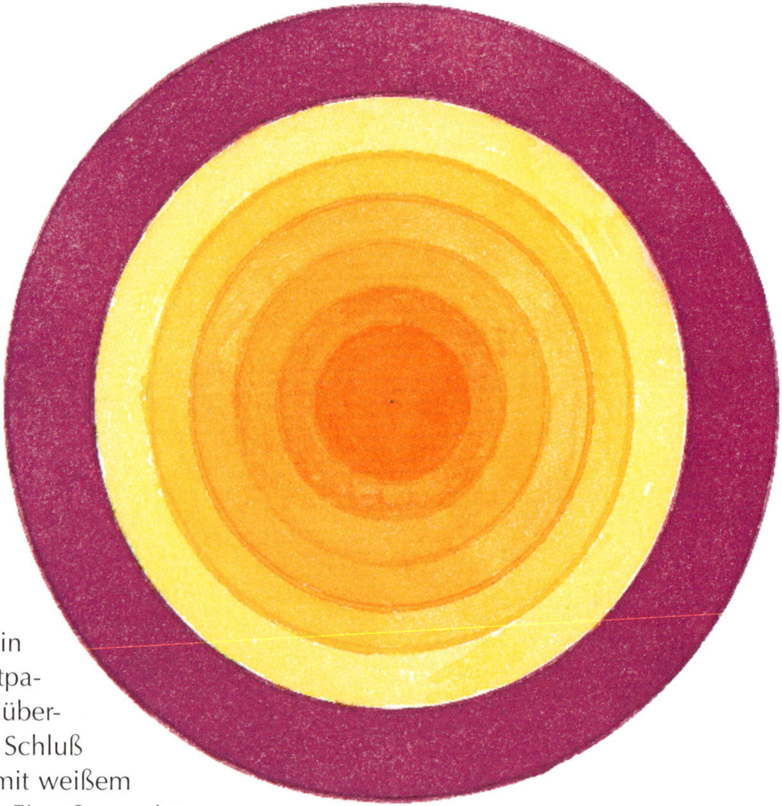

Material

Lila Fotokarton,
goldgelbes Transparentpapier,
Kleber,
Schere,
Draht,
Kerze,
Kerzenhalter.

Den Fotokarton nach Grundmuster 1 (Seite 52) ausschneiden.

Weiter vorgehen wie bei der vorherigen Laterne (siehe Zeichnung Seite 52).

Das Transparent anfertigen, in dem aus gelbem Transparentpapier verschieden große Kreise übereinandergeklebt werden. Zum Schluß noch einmal in voller Größe mit weißem Transparentpapier überkleben. Eine Sonne ist entstanden.

Die Laterne nach Grundmuster 1 vervollständigen.

Streifenlaterne

Material

Gelber Fotokarton,
gelbes Transparentpapier,
Kleber,
Schere,
Draht,
Kerze,
Kerzenhalter.

Den Fotokarton nach Grundmuster 1 (Seite 52) ausschneiden. Innenkreis so ausschneiden, daß ein 3 cm breiter Rand stehenbleibt. Transparentpapierstreifen schneiden (23 cm x 2 cm). Den Rahmen so oft kreuzförmig hinterkleben, bis kein Ritz mehr frei ist. Ein strahlenförmiger Stern ist entstanden.

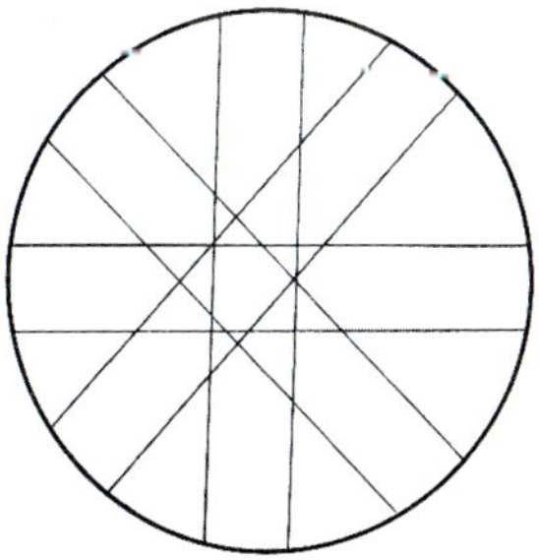

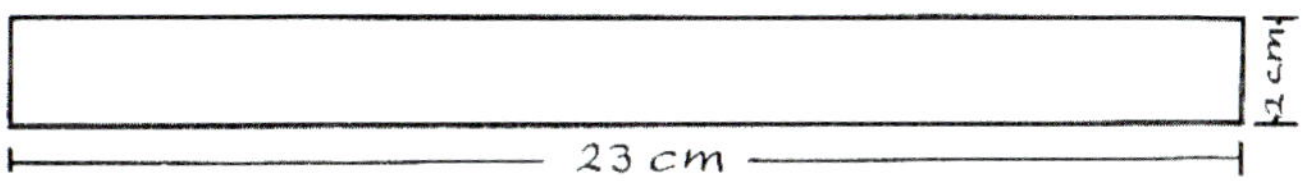

Grundmuster 2

Zwei gleich große Pentagramme mit einer Seitenlänge von 15 cm werden aus Tonpapier ausgeschnitten. Ebenfalls der dazugehörige Mittelstreifen der Laterne mit den Klebezacken (siehe Zeichnung unten).

Das Motiv wird laut Schablonenvorlage oder aus der Phantasie ausgewählt, auf die zwei Seitenteile übertragen, fertiggestellt und die Laterne zusammengeklebt. Anschließend werden der Draht als Aufhängung und der Kerzenhalter angebracht (siehe Seite 94 f.).

Je 1cm vom Rand des Mittelstreifens beidseitig falzen und Zacken ausschneiden.

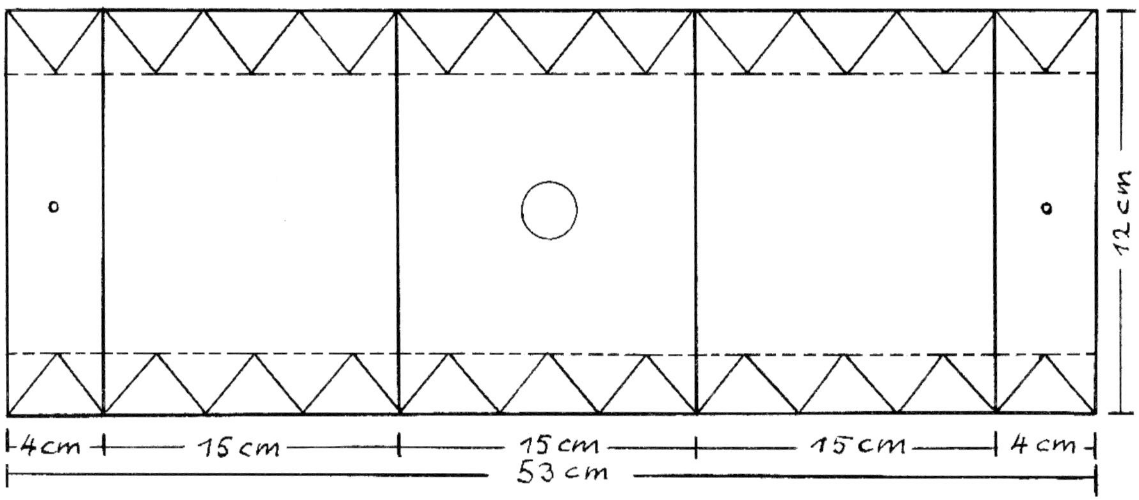

Sternenhaus

Material

Blauer Fotokarton,
gelbes Transparentpapier,
Schere,
Kleber,
Draht,
Kerze,
Kerzenhalter.

Zwei Pentagramme ausschneiden (siehe Grundmuster 2, Seite 66), in die beiden Seitenteile das Pentagramm von der Schablonenvorlage 3 übertragen und ausschneiden.

Das Transparent wie bei der Sternenlaterne arbeiten (siehe Seite 53) und hinter die Ausschnitte der Seitenteile kleben.
Die Laterne nach Grundmuster 2 fertigstellen.

Weitere Variationsmöglichkeiten zur Gestaltung der Pentagrammlaterne:

Hier kann auf die Schablonen 1 – 3 (kleiner Stern usw., Seiten 46 f.) verwiesen werden.

Der Phantasie sind aber darüber hinaus keine Grenzen gesetzt.

Auch mit
– Transparenten
– Aquarelltechnik
– Wachsbatik
kann gearbeitet werden (siehe Seite 93).

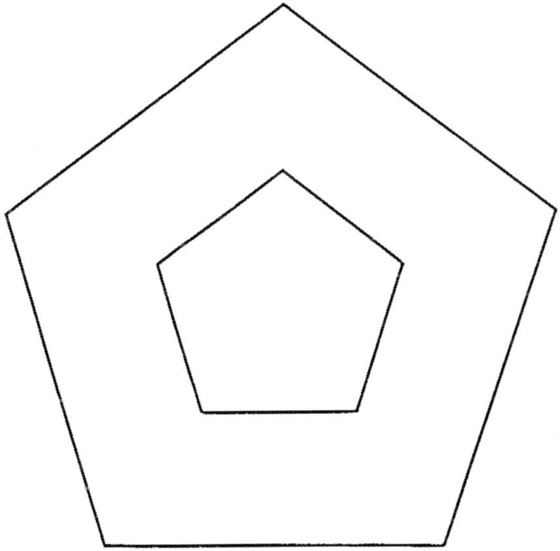

Sternenhaus

Weitere Vorschläge zum Sternenhaus

Grundmuster 3

Laterne mit Käseschachteln

Hierzu benötigen wir mittelgroße Käseschachteln mit einem Durchmesser von ca. 15 cm (fertige Schachteln gibt es in der Vormartinszeit in Bastelläden zu kaufen). Die Schachteln werden mit Plakafarbe angemalt. Aus Architektenpapier wird nun ein Stück ausgeschnitten, das dem Umfang der Käseschachtel entspricht. Der Übertritt mit 2 cm muß einkalkuliert werden. Das Papier sollte eine Höhe von 20 – 23 cm haben. Anschließend wird das ganze Blatt (siehe verschiedene Techniken, S. 93 f.) gestaltet. Die Laterne zusammenkleben, mit Draht und Kerze versehen (siehe Seite 94 f.).

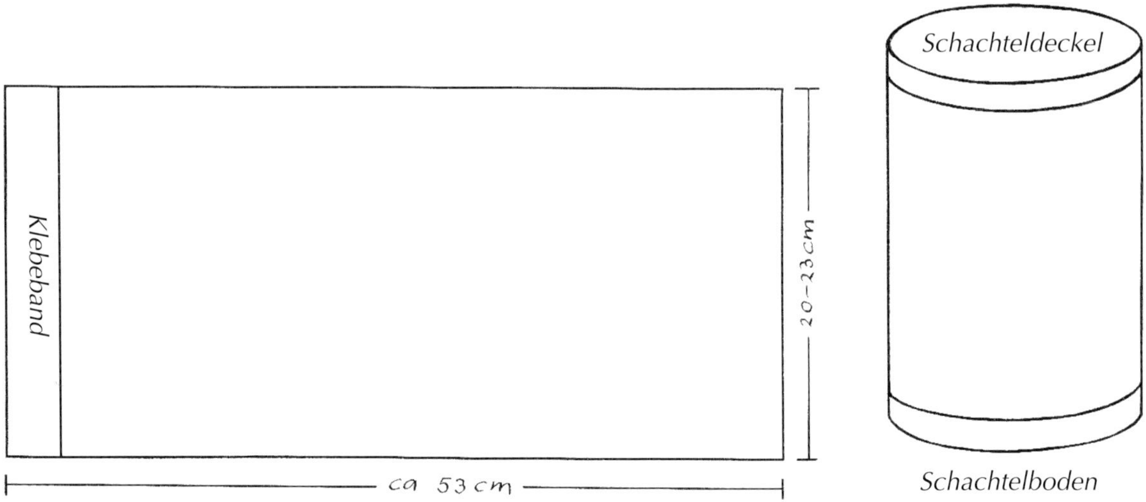

Bunte Laterne

Material

Käseschachtel,
Architektenpapier,
Wachsmalstifte,
rote Plakafarbe,
Kleber,
Schere,
Kerze,
Kerzenhalter.

Käseschachtel mit roter Plakafarbe bemalen.
Laterne nach Grundmuster 3 herstellen.
Für das Transparent die Wachsbatik anwenden
(siehe Seite 93).

Blätterlaterne

Material

Käseschachtel,
Architektenpapier,
gelbes Transparentpapier,
gepreßte Blätter,
Gräser,
Schere,
Draht,
Kerze,
Kerzenhalter,
Blaue Plakafarbe.

Käseschachtel mit blauer Plakafarbe bemalen.
Die Laterne nach Grundmuster 3 (Seite 70) anfertigen.
Blätter und Gräser auf das Architektenpapier kleben Mit gelbem Transparentpapier anschließend in voller Größe überkleben.

Transparentlaterne

Material

Käseschachtel,
gelbes Transparentpapier,
rotes Transparentpapier,
Schere,
Kleber,
Draht,
Kerze,
Kerzenhalter,
rote Plakafarbe.

Käseschachtel mit roter Plakafarbe bemalen. Laterne nach Grundmuster 3 (Seite 70) arbeiten. Für das Transparent das Transparentpapier in Stückchen reißen und immer wieder übereinanderkleben.

Sternenhimmellaterne

Material

Käseschachtel,
gelbes Transparentpapier,
blaues Transparentpapier,
Architektenpapier,
lila Plakafarbe,
Schere,
Draht,
Kleber,
Kerze,
Kerzenhalter.

Die Sternenhimmellaterne wird mit Architektenpapier wie in Grundmuster 3 (Seite 70) hergestellt. Anschließend werden ins blaue Transparentpapier, das die gleiche Größe wie das Architektenpapier hat, viele kleine Sterne ausgeschnitten (siehe Schablonenvorlage 1, Seite 46).

Dann den Mond nach Schablonenvorlage 2 (Seite 47) ausschneiden. Die Sterne werden mit gelbem Transparentpapier hinterklebt. Der Mond scheint durch das dahinterliegende Architektenpapier später weiß.

Das gestaltete Transparent auf das Architektenpapier kleben.

 Nach Grundmuster 3 weiter verfahren.

Wasserfarbenlaterne

Material

Käseschachtel,
Aquarellpapier,
Aquarellfarben: gelb, rot, blau,
blaue Plakafarbe,
Kleber,
Schere,
Draht,
Kerze,
Kerzenhalter.

Käseschachtel mit blauer Plakafarbe bemalen
Aquarellpapier mit den Aquarellfarben bemalen (siehe Techniken Seite 93).
Die Laterne nach Grundmuster 3 (Seite 70) fertigstellen.

Scherenschnittlaterne

Material

Käseschachtel,
blaue Plakafarbe,
blaues Transparentpapier,
Architektenpapier,
Kleber,
Schere,
Draht,
Kerze,
Kerzenhalter.

Käseschachtel mit blauer Plakafarbe bemalen.

Zwei Papierstücke aus blauem Transparentpapier in der gleichen Größe wie das Architektenpapier zuschneiden. Jeweils einmal längs und zweimal quer zusammenfalten.

Unterschiedliche Muster mit der Schere herausschneiden (siehe Techniken Seite 93).

Beide Blattflächen auseinanderfalten, glattstreichen und aufeinanderkleben.

Dieses Transparent auf das Architektenpapier aufkleben und die Laterne nach dem Grundmuster 3 (Seite 70) fertigstellen.

Diese Laternen sehen sehr schön aus, wenn man das farbige Transparentpapier Ton in Ton übereinanderlegt.

Bunte Ampel

Material

Käseschachtel,
rotes Transparentpapier,
rotes Tonpapier,
Schere,
Kleber,
Draht,
Kerze,
Kerzenhalter.

Mit rotem Transparentpapier eine Laterne nach Grundmuster 3 (Seite 70) zusammenkleben.

Die Höhe des Tonpapieres muß jedoch 10 cm größer sein als die der Grundlaterne.

Das Tonpapier einmal waagerecht in der Mitte knicken und dann in regelmäßigen Abständen entlang des Knickes senkrecht einschneiden (siehe Zeichnung).

Den unteren und oberen Rand des zugeschnittenen Tonpapiers auf die fertige Unterlaterne kleben.
Die Seitennaht mit Klebstoff schließen.

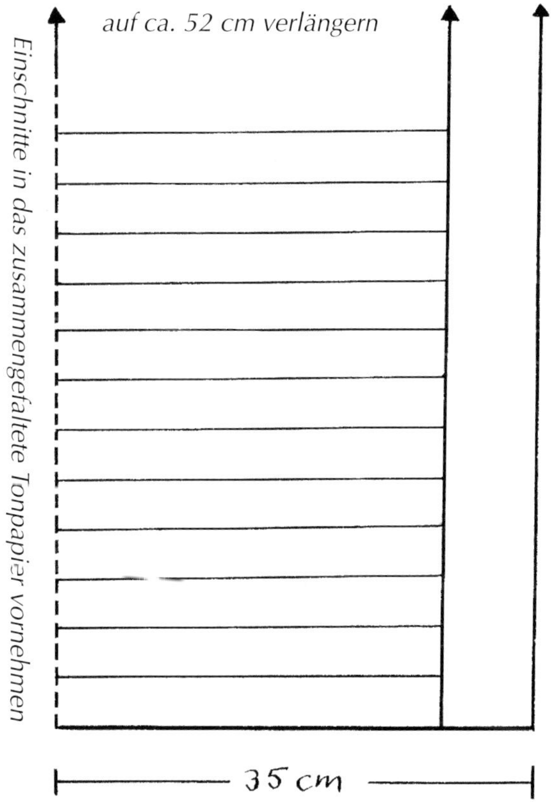

Bunte Ampel

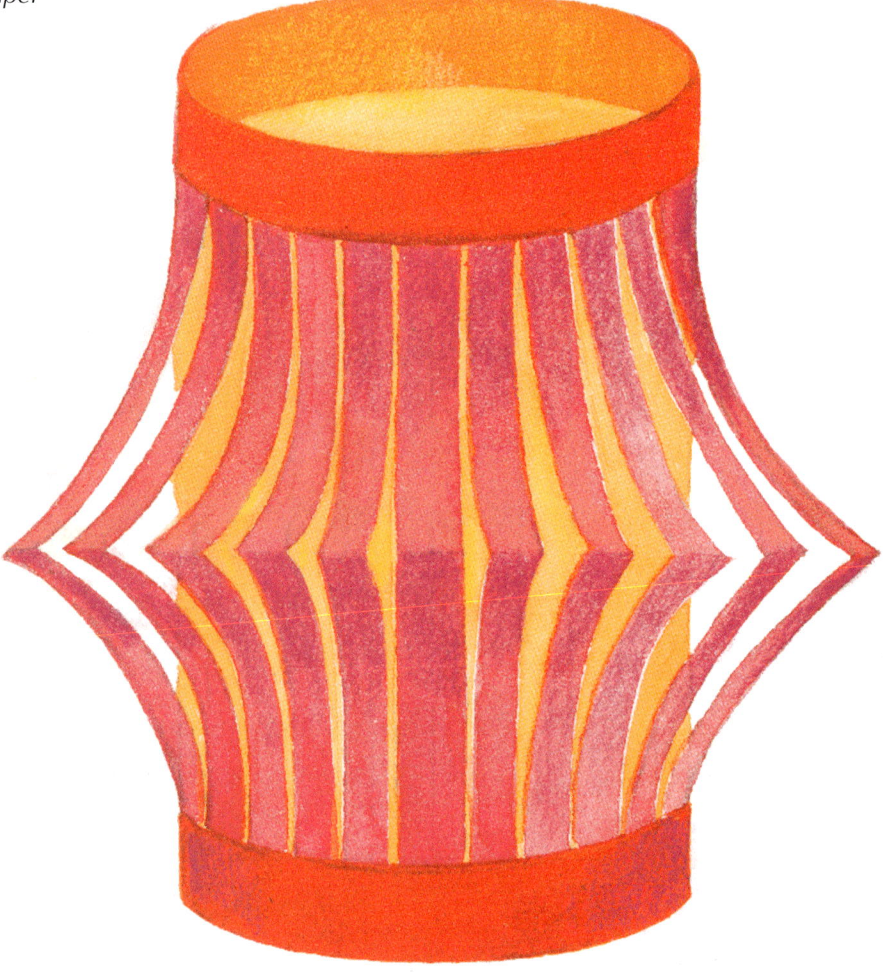

Grundmuster 4

Aus Tonkarton wird nach den Maßen des Grundmusters 4 die Kastenlaterne ausgeschnitten, Faltlinien werden vorgeritzt und geknickt. Dann werden die Seitenwände gestaltet. Auch hier sind der Phantasie keine Grenzen gesetzt. Eine Anregung mögen die folgenden Zeichnungen geben.

Zuerst viermal Architektenpapier mit den Maßen 24 x 17 cm zuschneiden, darauf in mehreren Schichten mit farbigem Transparentpapier die Bilder weiterbearbeiten (siehe Seite 81-83). Nach Fertigstellung diese Transparente in die Kastenlaterne einkleben. Am Schluß den Boden einsetzen und festkleben, ebenso die Kerzenhalter. Draht als Aufhängung anbringen (siehe Seite 94 f.).

Die Seitenteile können in verschiedenen Variationen ausgeführt werde (Techniken siehe Seite 93).

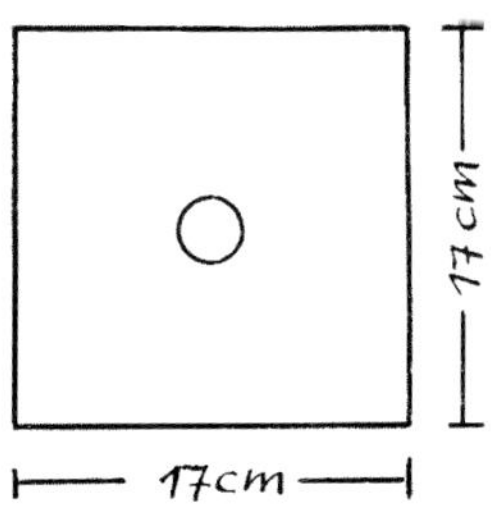

Boden

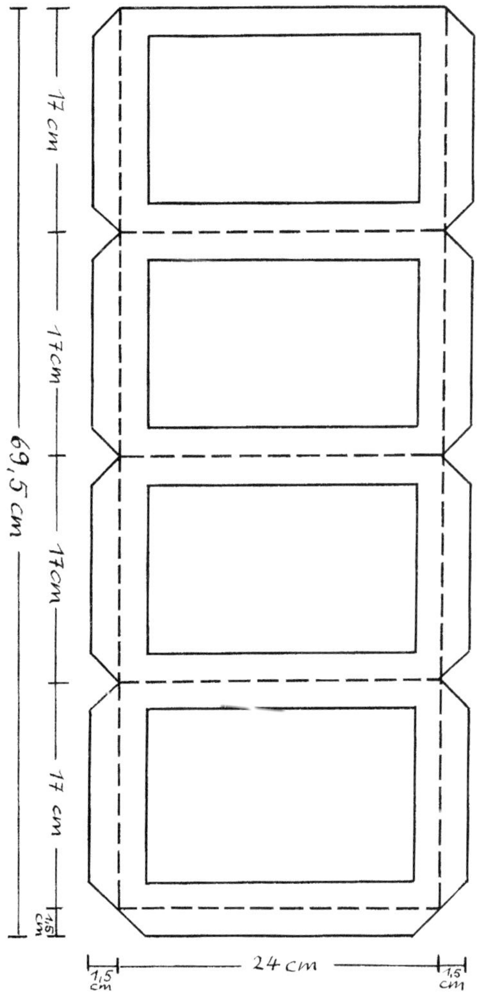

Kastenlaterne

Material

Fotokarton,
weißes Transparentpapier,
gelbes Transparentpapier,
blaues Transparentpier,
lila Transparentpapier,
Architektenpapier,
Kleber,
Schere,
Draht,
Kerze,
Kerzenhalter.

Die Laterne nach Grundmuster 4 bearbeiten. Anschließend die Transparente herstellen.

Bild 1:

Lila Transparentpapier nach den Maßen des Architektenpapieres zuschneiden.

Den Mond von Schablonenvorlage 2 (Seite 47) übertragen und ausschneiden. Dieses Transparent auf das Architektenpapier aufkleben und in die Kastenlaterne einkleben.

Bild 2:

Aus gelbem Transparentpapier verschieden große Kreise ausschneiden und auf das Architektenpapier kleben, so daß eine Sonne entsteht. Dieses Transparent in die Kastenlaterne einkleben.

Bild 3:

Blaues Transparentpapier nach der Größe des Architektenpapieres zuschneiden.

Sterne nach Schablonenvorlage 1 (Seite 46) ausschneiden und mit gelbem Transparentpapier hinterkleben. Lila Berge in verschiedenen Höhen ausschneiden und übereinanderkleben.

Alles auf das Architektenpapier und in die Kastenlaterne kleben.

Bild 4:

Genauso arbeiten wie Bild 3.

Seitenteile können in verschiedenen Variationen ausgeführt werden, z.B. Wachsbatik, Scherenschnitte, Wasserfarben usw. (verschiedene Techniken siehe Seite 93 f.).

Bild 1

Bild 2

Bild 3 und 4

Grundmuster 5

Luftballonlaterne

Material

6 Bögen weißes Seidenpapier,
ca. 750 g angerührter Kleister,
1 runder Luftballon,
1 Wollfaden.
Draht,
Kerze,
Kerzenhalter.

Das Seidenpapier in ca. 5 cm große Stücke reißen oder schneiden, den Luftballon aufblasen und mit dem Wollfaden zusammenknoten. Den Luftballon am Knoten festhalten und an der gegenüberliegenden Seite beginnen, die Kleistermasse aufzubringen. Kleistermasse mit der Hand auf den Ballon verteilen, Seidenpapierstücke auf die eingekleisterten Stellen legen und mit der Kleisterhand darüberstreichen. Den Vorgang so oft wiederholen, bis der Ballon mit Seidenpapier zugekleistert ist. Um Stabilität zu erreichen, sind mehrere Lagen erforderlich. Um zu dünne Stellen zu erkennen, Ballon zwischendurch gegen das Licht halten, um ausbessern zu können. Wollfaden am Knoten anbringen und zum Trocknen ca. 3 Tage aufhängen. Nach dem Trocknen mit spitzer Schere eine kreisrunde Öffnung an der Verknotung herausschneiden. Luft tritt aus, der Ballon löst sich vom Inneren ab und wird dann herausgezogen.

Draht und Kerzenhalter wie gewohnt anbringen.

Variationsvorschläge

1) Mit farbigen, gerissenen Seidenpapierstükken (unten orange, nach oben mit Gelb immer heller werden) die Laterne nach Grundmuster 5 bearbeiten. In den helleren Teil gepreßte Blätter oder Gräser kleben.

2) Mit farbigen (Ton in Ton) gerissenen Seidenpapierstückchen arbeiten, nach Grundmuster 5.

3) Verschiedenfarbige gerissene Seidenpapierstückchen verwenden und nach Grundmuster 5 die Laterne fertigstellen.

4) Oranges und gelbes Seidenpapier in lange Zacken schneiden, mit Orange unten beginnen und überlappend aufkleben. Nach oben mit Gelb in gleicher Weise fortfahren, so daß der Eindruck eines Feuers entsteht. Entweder

so belassen oder tanzende Zwerge nach folgender Schablonenvorlage aufkleben.

5) Wird die Laterne mit blauem Transparentpapier gefertigt, werden nach dem Trocknen Sterne nach Schablonenvorlage 1 (Seite 46) mit der spitzen Schere herausgeschnitten und mit gelbem Transparentpapier hinterklebt.

6) Ebenso kann auch nach Schablonenvorlage 2 (Seite 47) der mittlere Stern und der Mond aus der Laterne herausgeschnitten werden.

Schablonenvorlage tanzende Zwerge (Idee: Sylvia Schwartz)

Den Umfang der Luftballonlaterne abmessen, entsprechend aus blauem Tonpapier einen Streifen schneiden (Höhe 6 cm), ziehharmonikaartig in 4,5 cm Abständen den ganzen Streifen knicken, die Vorlage des Zwerges auflegen und ausschneiden. Nach dem Auseinanderfalten entsteht eine Reihe tanzender Zwerge, die nun um den Luftballon herumgeklebt wird.

Grundmuster 6

Fünfsternlämpchen

Das Fünfsternlämpchen ist besonders reizvoll für Schüler und Eltern, die Geometrie lieben und exakt arbeiten. Der Fünfstern ist das Symbol des gestaltwerdenden Lebens. Er läßt sich immer nur annähernd genau geometrisch konstruieren.

Das Licht des Lämpchens ist sehr beliebt, wenn sich an frühen Winterabenden die Kinder zum Erzählen oder Vorlesen in der Runde versammeln.

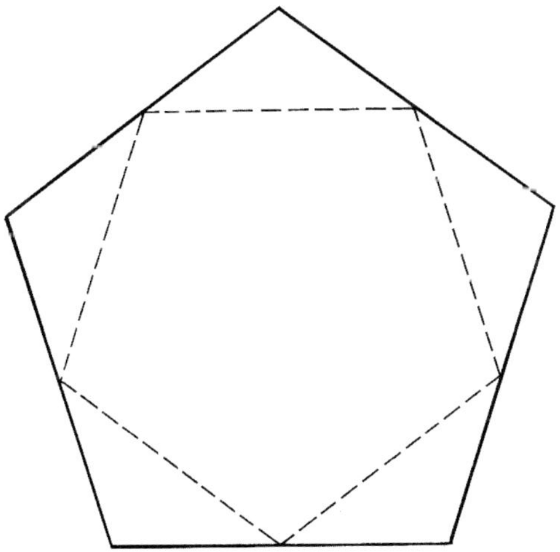

Material

Feines Zeichen- oder Lampenschirmpapier oder strukturiertes Ölpapier,
1 Teelicht,
Lineal,
Klebestift,
Draht,
Kerzenhalter.

Elf Fünfecke zuschneiden, Seitenlänge 9 cm. An allen fünf Ecken jeweils die Seitenhalbierenden markieren, durch ganz feines Ritzen verbinden und die Ecken umfalzen.

Nun die Fünfecke so zusammenkleben, daß die umgefalzten Ecken jeweils in das Nachbarfünfeck hereinragen. Auf diese Weise entsteht in jeder Fläche ein Fünfstern. Je fünf Flächen nebeneinander bilden die obere bzw. untere Hälfte.

Am oberen Rand werden die Ecken einfach nach innnen geklebt. Den Boden unten einsetzen.

Zur Aufhängung Draht einziehen und an den Enden umknicken. Kerzenhalter wie gewohnt einsetzen.

Fünfsternlämpchen

Tischlaternen

Tischlaterne Martinskrone

Material

Lila Fotokarton,
rotes Transparentpapier,
gepreßte Blätter,
Gräser,
Schere,
Draht,
Kerze,
Kerzenhalter.

Krone nach Schablone (siehe Zeichnung) ausschneiden. Mit rotem Transparentpapier hinterkleben, Blätter oder Gräser aufkleben. Krone zusammenkleben (siehe Abbildung Seite 90).

Variationen

(Siehe verschiedene Techniken Seite 93 f.).

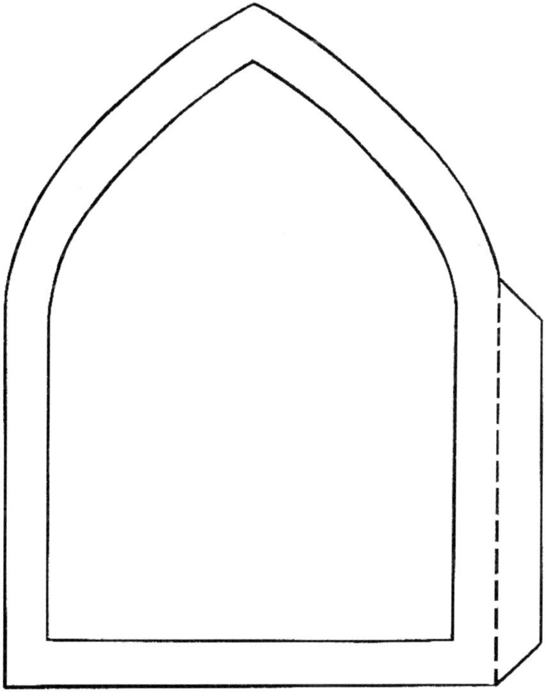

Form 3x ausschneiden

Kleine Laternchen

Material

Teelichter,
Fotokartonreste,
Transparentpapier,
Draht,
Schere,
Kleber.

Zwei Streifen Fotokarton zuschneiden (2 cm x 13,5 cm).

Einen Transparentpapierstreifen zuschneiden (7 cm x 13,5 cm).

Transparentpapierstreifen oben und unten mit den Fotokartonstreifen bekleben, um das Teelicht legen und zusammenkleben.

Vorsicht beim Anzünden, da die Öffnung sehr eng und klein ist. Verbrennungsgefahr! Laterne auf einen Teller stellen.

Transparente Tischlaternchen

Material

Trinkgläser in jeder Form,
Teelichter,
verschiedenfarbiges Seiden- oder Transparentpapier,
angerührter Tapetenkleister.

Papier in kleine Stücke reißen und mit Tapetenkleister auf das Glas überlappend aufkleben, um durch die Überschneidung neue Farbwirkungen sichtbar zu machen. Eine schöne Lichtwirkung hat die Laterne auch, wenn Ton in Ton gearbeitet wird.

Martinsfeuerlaterne

Aus gelbem und rotem Transparentpapier Spitzen reißen und flammenähnlich mit Tapetenkleister auf das Glas kleben.

Fünfsternlämpchen

Material

Aquarellpapier / Transparentpapier,
Schere,
Kleber,
Teelicht.

Die Laterne nach Grundmuster 6 herstellen (siehe Seite 87), ohne Boden. Größe siehe nachfolgende Schablone.

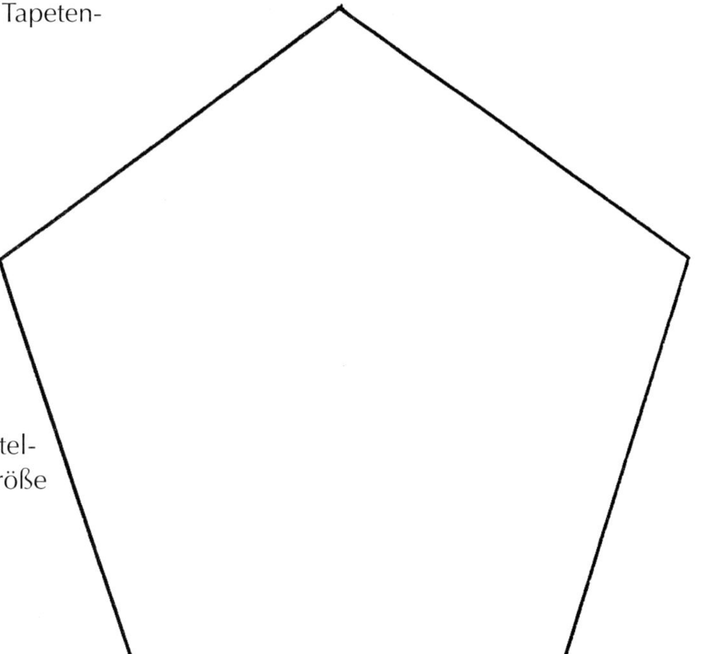

Verschiedene Techniken

Aquarell / Wasserfarben

Hierzu wird Aquarellpapier benutzt. Das Papier wird angefeuchtet und mit Aquarellfarben bemalt. Ist das Blatt vollständig getrocknet, wird es mit Speiseöl eingerieben, um es transparenter zu machen. Nun kann es zur Laterne zusammengeklebt werden, nachdem es zur entsprechenden Größe zugeschnitten wurde.

Wachsbatik

Bei dieser Technik wird Architekten- oder Butterbrotpapier benötigt. Das Papier wird auf einer Seite dick mit verschiedenfarbigen Wachsstiften bemalt. Anschließend das Papier mit der Farbseite nach innen zur Hälfte falten, dazwischen Zeitungspapier legen und bügeln. Sofort nach dem Bügeln das Papier auseinanderfalten und zum Trocknen glatt ausbreiten.

Einfache Scherenschnitte

Hierbei werden zwei farbige Transparentpapierstreifen, die mit der Größe der Laternengrundform übereinstimmen, zugeschnitten und einmal längs und zweimal quer zusammengefaltet. Unterschiedliche Muster können nun mit der Schere herausgeschnitten werden (siehe Zeichnung). Die Blattflächen wieder auseinander falten, glattstreichen und auf das Architektenpapier kleben, das ebenfalls die Maße der Laternengrundform hat.

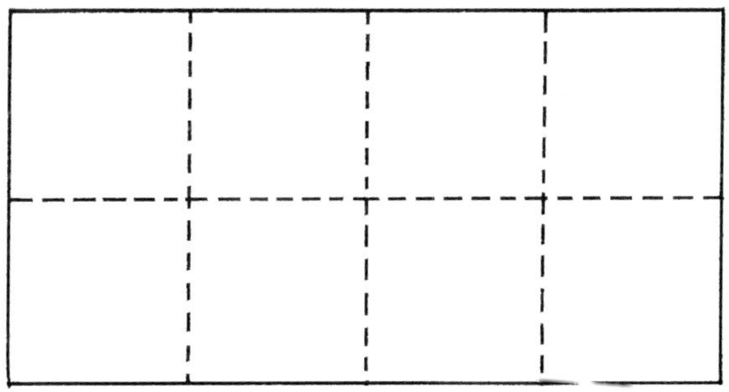

gefaltetes Scherenschnittmuster

Hintergrund aus Seiden- oder Transparentpapier

Meist handelt es sich bei Transparenten um einen mehrfarbigen Hintergrund, z.B. kleine Sterne, die mit gelbem Transparent- oder Seidenpapier hinterlegt werden. Auch hier empfiehlt es sich, Schablonen zu verwenden. Es sollte immer ein ausreichender Kleberand stehen bleiben, damit das Motiv in die Laterne eingeklebt werden kann.

Einfarbige, großflächige Hintergründe wie Himmel o.ä. werden auf Kohlepapier vorgezeichnet, am Stück ausgeschnitten und von links auf den Tonkarton geklebt.

Transparentpapier

Das Übereinanderschichten von farbigem Transparentpapier ergibt eine besonders intensive Leuchtkraft. Es kann gerissen und schichtweise übereinandergelegt werden. Durch die Überlappungen ergeben sich dann immer neue Schattierungen.

Aufhängung und Beleuchtung

Die Aufhängung

Bei der fertigen Laterne wird die Aufhängung am Rand der Öffnung angebracht. Gegenüberliegend werden hierzu mit einer spitzen Schere zwei Löcher gemacht, durch die der Draht gezogen wird.

Der Stock

Der Stock ist ca. 80 – 100 cm lang und hat einen Durchmesser von ca. 8 mm. Wir suchen ihn mit den Kindern im Wald und schnitzen selber schöne Muster hinein. Das Kind sieht dabei zu, kann aber mit einem stumpfen Messer den Stock z.B. selber von der Rinde befreien.

Oder wir kaufen im Bastelladen ein «Rundholz» in der entsprechenden Länge. Ein ca. 15 cm langes Drahtstück, Durchmesser 1 mm, das sich gut biegen läßt, trotzdem aber die Form hält, biegt man nun drei- bis viermal um das eine Ende des Stabes. Ca. 10 cm Spielraum bleibt nun, dann das Drahtende zu einer Öse umbiegen und die Laterne mit ihrem Befestigungsdraht einhängen. Damit die Laterne auch bei stärkerem Wind an ihrem Platz bleibt, kann in der Mitte des Aufhängedrahtes eine kleine Schlinge gedreht werden, die dann in die Öse der Halterung eingehängt wird.

In der Vormartinszeit erhält man auch fertige Laternenstöcke in Bastelgeschäften.

Beleuchtung mit einer Kerze

Laternen, die einen geraden Boden haben und oben ein Loch, damit die Hitze abziehen kann, und einen Durchmesser, der mehr als 12 cm beträgt, können von Kerzen beleuchtet werden. Trotzdem immer VORSICHT VOR VERBRENNUNGS- UND BRANDGEFAHR! Wir besorgen uns im Bastelgeschäft kleine Kerzenhalter für Christbaumkerzen. Die zwei Laschen werden durch zwei kleine eingeritzte Schlitze im Laternenboden gesteckt und nach außen weggebogen.

Die obere Öffnung der Laternen muß auch groß genug sein, um die Kerzen anzünden zu können. Lange Kaminstreichhölzer sind dabei besonders hilfreich.

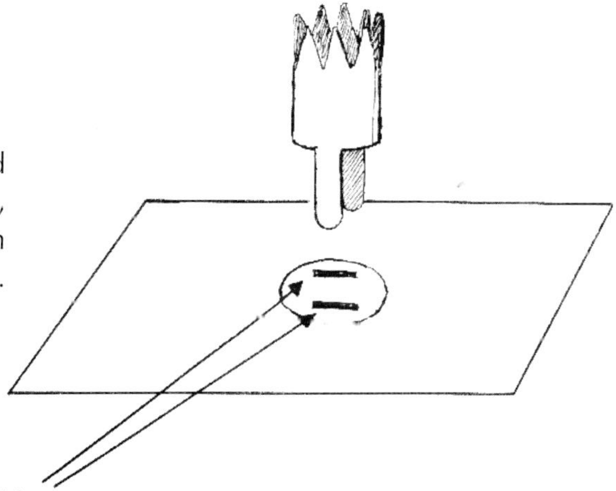

Anleitung Sterntaler-Transparent

Material

Blauer Fotokarton,
blaues Transparentpapier,
lila Transparentpapier,
goldgelbes Transparentpapier,
zitronengelbes Transparentpapier,
weißes Architektenpapier,
Schere,
Kleber.

Aus Fotokarton ein Stück mit den Maßen 21cm x 30 cm (Din A 4) für den Rahmen schneiden.

Das Innenteil so ausschneiden, daß ein Rand von 2,5 cm stehenbleibt. Auf den Rest des Fotokartons an Hand der Schablone das Sterntalerkind abpausen und ausschneiden.

Architektenpapier auf den Rahmen kleben. Aus blauem Transparentpapier mehrere Tannenbäume ausschneiden (siehe Schablone Seite 97) und diese am Rand des Rahmens in unterschiedlichen Höhen und etwas versetzt von hinten aufkleben, so daß der Eindruck eines Waldes entsteht.

Den Waldboden mit lila Transparentpapier anlegen (siehe Zeichnung Seite 98) und auch von hinten auf das Architektenpapier kleben.

Zitronengelbes Transparentpapier zuschneiden und versetzt von hinten aufkleben (siehe Zeichnung). Sterne aus goldgelbem Transparentpapier ausschneiden (siehe Schablonenvorlage 1, Seite 46) und verteilt aufkleben, als würden sie vom Himmel in das Kleid des Sterntalerkindes hineinfallen.

Schablonen für das Sterntaler-Transparent

Zum Schluß das Sterntalerkind von hinten aufkleben und als Abschluß das Ganze mit einer ganzen Lage zitronengelbem Transparentpapier überkleben.

Das farbige Transparent

Rezepte

Mondhörnchen

1 kg Weizen, fein gemahlen
3 Eier
250 g weiche Butter
2 Würfel Hefe
200 g Rosinen
200 – 250 ml kalte Milch
4 Eßl. flüssigen Honig

Angewärmtes Mehl in eine Schüssel geben, eine Mulde hineindrücken, Hefe mit einem Teil der Milch und einem halben Teel. Honig glattrühren, hineingießen und zugedeckt 15 Minuten gehen lassen. Restliche Zutaten untermischen und gründlich miteinander verkneten.

Den Teig zugedeckt 30 Minuten ruhen lassen, Backofen vorheizen, Hörnchen formen, kurz vor dem Einschieben ein Gefaß mit kochendem Wasser in den Ofen stellen. Gebäck bei Mittelhitze und zugestopfter Dampfabzugsöffnung goldbraun backen.

Mond- und Sternengebäck

500 g Mehl
250 g Butter
70 g Zucker Ei
1 Päckchen Vanillezucker
1 Eigelb zum Bestreichen
Fett für das Blech

Alle Zutaten zu einem Teig verkneten. Eine halbe Stunde kalt stellen, den Teig dann ausrollen. (Sterne und Mond nach Vorlage 2, Seite 47) ausschneiden, mit Eigelb bestreichen und bei 190 Grad ca. 30 Min. backen.

Kürbissuppe

Ein großer Kürbis wird ausgehöhlt, Nase, Augen und der Mund werden herausgeschnitten. Der Kürbis kann als Tischlaterne aufgestellt werden.

Das Kürbisfleisch kann für eine köstliche Kürbissuppe verwendet werden.

Rezept

2 kleine Stangen Lauch
60 g Butter
500 g Kürbisfleisch
300 g mehlige Kartoffeln
250 ml Milch
250 ml Wasser
Meersalz, Pfeffer, Crème fraîche

Den Lauch in kleine Stückchen schneiden, auch die Kartoffeln und das Kürbisfleisch. Alles in Butter dünsten. Milch und Wasser hinzufügen, köcheln lassen, würzen und mit Crème fraîche verfeinern.

Guten Appetit!

Punsch

2,5 l Wasser
3 gehäufte Eßl. Hagebuttentee
1 Teel. gestoßene Nelken
1 Anisstern
1 zerdrückte Zimtstange
1 Zitrone
2 – 3 Orangen
7 – 8 Eßl. flüssigen Honig

Kaltes Wasser in einen Topf geben, Hagebuttentee und Gewürze zufügen, aufkochen, bis es sprudelt, anschließend eine halbe Stunde bei niedriger Hitze ziehen lassen. Den Punsch durch ein feines Sieb gießen, Saft von Zitrone und Orangen daruntermischen und mit Honig abschmecken.

Laternenlieder, Martinslieder, Abendlieder

Ein neues Laternenlied

Melodie: Suse König / Text: Marianne Garff

4. Der dritte heißt Klasklumdibum, der guckt sich nach dem vierten um.

5. Der vierte, der ist lüelütt und heiß Hans Jochen Winzelpütt.

Wind, Wind, sause

Melodie: Alois Künstler / Text: Paula Dehmel

Durch die Straßen auf und nieder

1. Durch die Stra - ßen auf und nie - der leuch - ten die La - ter - nen wie - der

ro - te, gel - be, grü - ne, blau - e, lie - ber Mar - tin, komm und schau - e!

2. Wie die Blumen in dem Garten, blühn Laternen aller Arten, rote, gelbe, grüne, blaue, lieber Martin, komm und schaue!

3. Und wir gehen lange Strecken mit Laternen an den Stecken, rote, gelbe, grüne, blaue, lieber Martin, komm und schaue!

Am Himmelszelt

Text und Melodie: Dorothea Hahn

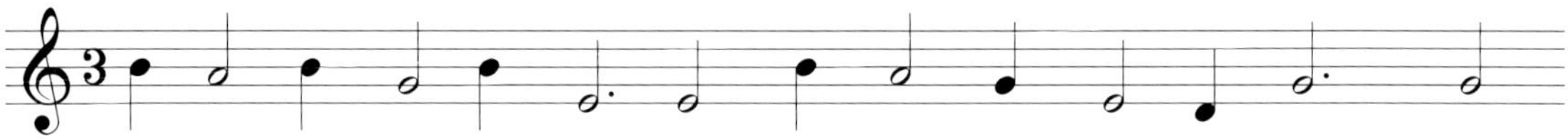

Am Him - mels - zelt die Stern - chen, die grü - ßen mein La - tern - chen,

und fröh - lich grüß ich klei - ner Wicht die Ster - ne dort mit mei - nem Licht.

Aus: Dorothea Hahn, Ein Jahreskreis. Fünftonlieder.

Licht in der Laterne

2. Alle Leut' es sehen, wenn wir Laterne gehen!

3. Und wir Kinder singen, daß alle Straßen klingen!

4. Laßt von uns euch sagen, du sollst ein Lichtlein tragen!

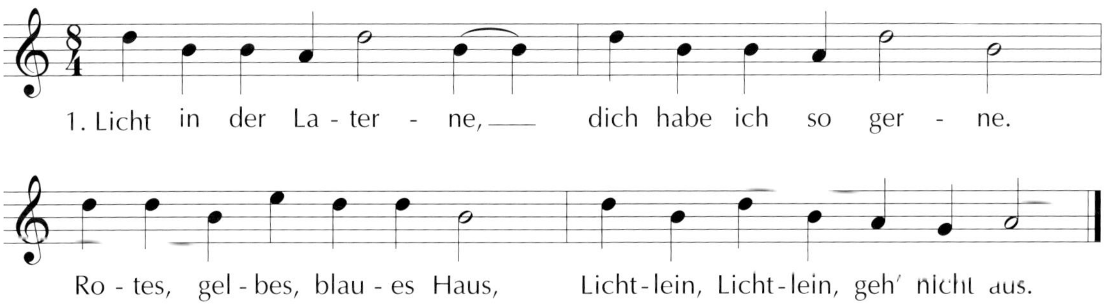

2. Alle Leute sehen, daß wir Laterne gehen. Rotes, gelbes, blaues Haus …

3. Kinder, laßt euch sagen, ihr sollt ein Lichtlein tragen! Rotes, gelbes, blaues Haus …

Sankt Martin

Worte und Weise aus dem Rheinland

2. Im Schnee saß, im Schnee saß,
im Schnee, da saß ein armer Mann,
hat Kleider nicht, hat Lumpen an.
«O helft mir doch in meiner Not,
sonst ist der bittre Frost mein Tod!»

3. Sankt Martin, Sankt Martin,
Sankt Martin zieht die Zügel an,
das Roß steht still beim armen Mann.
Sankt Martin mit dem Schwerte teilt
den warmen Mantel unverweilt.

4. Sankt Martin, Sankt Martin,
Sankt Martin gibt den halben still,
der Bettler rasch ihm danken will.
Sankt Martin aber ritt in Eil
hinweg mit seinem Mantelteil.

Sterne zählen

Melodie: Helga Oberländer / Text: Cesar Bresgen

Wenn's Sonnenlicht verschwindet

Melodie: Helga Oberländer / Text: Udo de Haes

Aus: Quintenstimmungs-Lieder im Jahreslauf. Herbst. Selbstverlag Helga Oberländer, Velden.

Glänzender Silberschein

Gälische Melodie

2. Glänzender Silberschein,
leuchte der Mond so rein.
Silbern glänzt er, glänzt er,
silbern glänzt der Schein.
Lichtlein geh' nicht aus,
zeig' mir den Weg nach Haus'.
...

3. Glänzender goldner Schein,
leuchte mein Lichtelein!
Glänzender goldner, goldner,
glänzender goldner Schein.
Leuchtet das Herze mein
golden im Sonnenschein,
golden glänzt er, glänzt er,
golden glänzt der Schein.

Laternenlied

Melodie: Helga Oberländer / Text: I. Körömi-von Radecki

Aus: Quintenstimmungs-Lieder im Jahreslauf. Herbst. Selbstverlag Helga Oberländer, Velden.

November

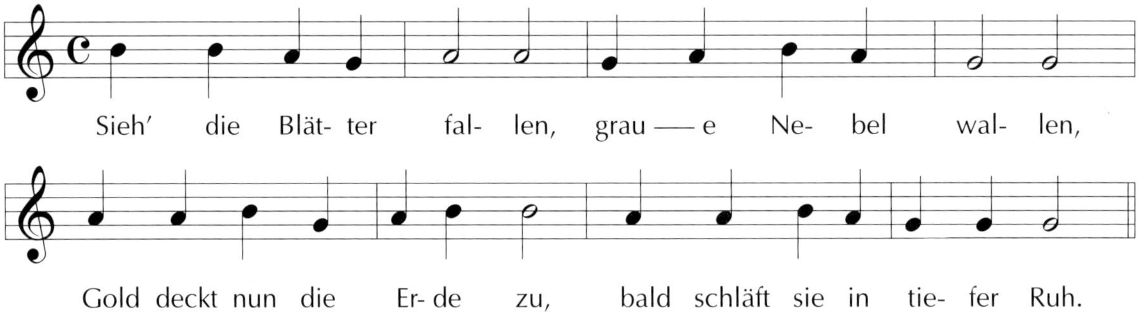

2. In dem kahlen Baume,
Vöglein wie im Traume
zwitschert noch ein kleines Lied;
ach, wo nur die Sonne blieb!

3. Doch die ersten Sterne,
aus der Himmelsferne
schmücken Garten, Strauch und Feld,
wie verwandelt ist die Welt.

Herr, bleibe bei uns

Melodie: Albert Thate / Text: Lukas 24,29

Bezugsquellen

Quellen zur Beschaffung von ungesponnener farbiger Wolle:

Naturfasern Seehawer & Siebert
Heuberger Hof 1, 72108 Rottenburg a. N.
Telefon (0 74 72) 30 19
Telefax (0 74 72) 2 42 07

Färbehof GbR
Kirchstraße 7, 86947 Geretshausen
Telefon (0 81 95) 99 95 51
Telefax (0 81 95) 99 95 52

Schäfereigenossenschaft Finkhof e.G.
St.-Ulrich-Straße / Arnach, 88410 Bad Wurzach
Telefon (0 75 64) 93 17 11
Telefax (0 75 64) 93 17 12

Pflanzenfärberei Harald Kroll
Hauptstraße 47, 56761 Gamlen
Telefon (0 26 53) 64 07
Telefax (0 26 53) 30 19

Käfer & Partner GmbH
Glückskäfer Kinderwelt
Germanenstraße 9, 72768 Reutlingen
Telefon (0 71 21) 5 60-0
Telefax (0 71 21) 5 60-151

Die Lebensgemeinschaft e. V.
Anerkannte Werkstätten für Behinderte
36110 Schlitz-Richthof
Telefon (0 66 53) 14-0
Telefax (0 66 53) 14-2 55

De Wullstuuv
Gärtnerstraße 1, 24241 Blumenthal
Telefon (0 43 47) 7 18 44
Telefax (0 43 47) 7 18 45

Friedrich Traub
Schorndorfer Straße 18, 73650 Winterbach
Telefon (0 71 81) 7 09 10
Telefax (0 71 81) 70 91 11

Pflanzenfärberei Neckarmühle
Husarenhofstraße 14, 74379 Ingersheim
Telefon (0 71 42) 5 27 37
Telefax (0 71 42) 5 44 69
nur für Wiederverkäufer!

Pflanzenfärberei Ernst Bollhalder
Gempenstraße 42a, CH-4143 Dornach

Literatur

Spielzeug – von Eltern selbst gemacht
Von Freya Jaffke.

Singspiele und Reigen
für altersgemischte Gruppen.
Zusammengestellt von Suse König.

Kleine Märchen und Geschichten
zum Erzählen und für Puppenspiele.

Puppenspiel
Anleitungen für die Einrichtung verschiedener Spielmöglichkeiten und die Herstellung einfacher Figuren. Von Freya Jaffke

Jahreszeitentische
Anregung zur Gestaltung des Jahreslaufs in der Familie von Marjolein van Leeuwen und Jos Moeskops. Aus dem Niederländischen von Frank Berger.

Gestalten mit farbiger Wolle
Von Dagmar Schmidt und Freya Jaffke.